Quick Guide

Reihe herausgegeben von
Springer Fachmedien Wiesbaden,
Wiesbaden, Deutschland

Quick Guides liefern schnell erschließbares, kompaktes und umsetzungsorientiertes Wissen. Leser erhalten mit den Quick Guides verlässliche Fachinformationen, um mitreden, fundiert entscheiden und direkt handeln zu können.

Christoph Straube

Quick Guide Tokenisierung von Immobilien

Wie Blockchain-Technologie den Immobilienmarkt nachhaltig verändert

Christoph Straube
W&L AG
Bad Soden am Taunus, Deutschland

ISSN 2662-9240   ISSN 2662-9259 (electronic)
Quick Guide
ISBN 978-3-658-47163-7   ISBN 978-3-658-47164-4 (eBook)
https://doi.org/10.1007/978-3-658-47164-4

Die Deutsche Nationalbibliothek verzeichnet diese Publikation in der Deutschen Nationalbibliografie; detaillierte bibliografische Daten sind im Internet über https://portal.dnb.de abrufbar.

© Der/die Herausgeber bzw. der/die Autor(en), exklusiv lizenziert an Springer Fachmedien Wiesbaden GmbH, ein Teil von Springer Nature 2025

Das Werk einschließlich aller seiner Teile ist urheberrechtlich geschützt. Jede Verwertung, die nicht ausdrücklich vom Urheberrechtsgesetz zugelassen ist, bedarf der vorherigen Zustimmung des Verlags. Das gilt insbesondere für Vervielfältigungen, Bearbeitungen, Übersetzungen, Mikroverfilmungen und die Einspeicherung und Verarbeitung in elektronischen Systemen.
Die Wiedergabe von allgemein beschreibenden Bezeichnungen, Marken, Unternehmensnamen etc. in diesem Werk bedeutet nicht, dass diese frei durch jede Person benutzt werden dürfen. Die Berechtigung zur Benutzung unterliegt, auch ohne gesonderten Hinweis hierzu, den Regeln des Markenrechts. Die Rechte des/der jeweiligen Zeicheninhaber*in sind zu beachten.
Der Verlag, die Autor*innen und die Herausgeber*innen gehen davon aus, dass die Angaben und Informationen in diesem Werk zum Zeitpunkt der Veröffentlichung vollständig und korrekt sind. Weder der Verlag noch die Autor*innen oder die Herausgeber*innen übernehmen, ausdrücklich oder implizit, Gewähr für den Inhalt des Werkes, etwaige Fehler oder Äußerungen. Der Verlag bleibt im Hinblick auf geografische Zuordnungen und Gebietsbezeichnungen in veröffentlichten Karten und Institutionsadressen neutral.

Springer Gabler ist ein Imprint der eingetragenen Gesellschaft Springer Fachmedien Wiesbaden GmbH und ist ein Teil von Springer Nature.
Die Anschrift der Gesellschaft ist: Abraham-Lincoln-Str. 46, 65189 Wiesbaden, Germany

Wenn Sie dieses Produkt entsorgen, geben Sie das Papier bitte zum Recycling.

Vorwort

Die Welt der Immobilien befindet sich im Umbruch. Während traditionell große Summen Kapital aufgebracht werden mussten, um in Immobilien zu investieren, öffnet sich durch die fortschreitende Digitalisierung ein völlig neues Spielfeld. Die Tokenisierung von Immobilien spielt als innovative Technologie, die auf der Blockchain basiert, eine immer größere Rolle bei Immobilieninvestments. Sie kündigt eine Revolution in der Art und Weise an, wie Immobilien gehandelt, besessen und verwaltet werden.

Dieses Buch richtet sich an Investoren, die das Potenzial dieser aufstrebenden Technologie verstehen und nutzen möchten. Sie bekommen hier ein umfassendes und leicht verständliches Werk, das die wichtigsten Aspekte der Tokenisierung des Immobilienmarktes beleuchtet.

Lassen Sie uns gemeinsam darauf schauen, wie diese neue Technologie es ermöglicht, Immobilien in digitale Token zu verwandeln, die es möglich machen, auch mit kleineren Beträgen Zugang zu Immobilieninvestitionen zu bekommen. Auf diese Weise wird ein Markt erschlossen, der einst nur einer kleinen, kapitalstarken Elite vorbehalten war und sich nun für eine weitaus größere Zielgruppe öffnet.

Wie bei jeder neuen Technologie gibt es jedoch nicht nur Chancen, sondern auch Risiken. Auch damit möchte ich mich intensiv und ehrlich auseinandersetzen, mich mit der Bewertung dieser Risiken und den Möglichkeiten zur Absicherung befassen.

Dieses Buch ist sowohl eine Einführung als auch ein Leitfaden für Experten, die sich auf das neue Terrain wagen wollen, um die Chancen und Herausforderungen der tokenisierten Immobilienwelt zu verstehen. Es soll inspirieren, Perspektiven aufzeigen und den Weg in eine neue Ära der Immobilieninvestitionen ebnen – eine Ära, die durch Digitalisierung, Zugänglichkeit und Transparenz geprägt sein wird.

Lassen Sie uns gemeinsam in diese faszinierende Welt eintauchen und die Zukunft des Immobilienmarktes mitgestalten.

Bad Soden am Taunus, Deutschland　　　　　　　　　　Christoph Straube

Inhaltsverzeichnis

1	**Grundlagen der Technologie**		1
	1.1 Was ist Krypto?		3
		1.1.1 Welche Vorteile haben Kryptowährungen	4
		1.1.2 Wie funktioniert der Kryptohandel?	5
		1.1.3 Das sind die wichtigsten Kryptowährungen im Überblick	5
		1.1.4 Bedeutung von Krypto im Kontext der Tokenisierung	7
		1.1.5 Stabilität durch Stablecoins	8
	1.2 Was steckt hinter der Blockchain-Technologie?		8
		1.2.1 Grundprinzipien der Blockchain-Technologie	9
		1.2.2 Unterschiede zwischen verschiedenen Blockchain-Plattformen	9
	1.3 Was ist Tokenisierung?		10
	1.4 Der Unterschied zwischen Tokenisierung und traditionellen Investitionen		10
	1.5 Das versteht man unter fungiblen und nicht fungiblen Token		11

2	**Tokenisierung von Immobilien**	**13**
2.1	Grundlagen der Tokenisierung von Immobilien	15
	2.1.1 So funktioniert die Tokenisierung im Immobilienbereich	15
	2.1.2 Wie funktionieren der Handel und die Übertragung von Token?	17
2.2	Bei der Tokenisierung kommen vor allem Equity-Token und Security-Token zum Einsatz	17
	2.2.1 Was ist ein Equity-Token?	17
	2.2.2 Security-Token	19
	2.2.3 Welche Token sind nun besser für Immobiliengeschäfte geeignet?	20
2.3	Vorteile der Tokenisierung von Immobilien	21
2.4	Das sind die generellen Risiken	23
2.5	Wie unterscheidet sich die Tokenisierung von anderen Finanzierungsformen auf dem Immobilienmarkt?	25
2.6	Wie funktionieren Smart Contracts auf der Blockchain?	26
	2.6.1 Smart Contracts sind gar keine so neue Erfindung	27
	2.6.2 Wie genau funktionieren Smart Contracts?	27
	2.6.3 Smart Contracts: Ein wesentlicher Bestandteil der Tokenisierung von Immobilien	28
	2.6.4 Smart Contracts: Auch Risiken müssen im Blick bleiben	28
2.7	Für welche Arten von Immobilien eignet sich die Tokenisierung?	31
2.8	Anwendungsbeispiele der Tokenisierung im Immobiliensektor	32
	2.8.1 Pionierarbeit bei der Tokenisierung: Elevated Returns und das St. Regis Resort	33

3 Investieren in tokenisierte Immobilien in der Praxis 35
3.1 Anleger können an verschiedenen Arten von Immobilien teilhaben 36
    3.1.1 Tokenisierung von Wohnimmobilien 37
    3.1.2 Tokenisierung von Gewerbeimmobilien 37
    3.1.3 Tokenisierung von Prestigeimmobilien 38
3.2 Zugang für Kleinanleger zu tokenisierten Immobilien 39
3.3 Die bekanntesten Plattformen 40
    3.3.1 Brickblock 40
    3.3.2 Property Coin 42
    3.3.3 RealtyBits 44
    3.3.4 RealTor 46
    3.3.5 RealT 48
3.4 Beispielhafter Prozess: So können Sie als Investor Immobilien-Token kaufen 50
    3.4.1 Voraussetzungen für den Kauf von Immobilien-Token 51
    3.4.2 Auswahl der richtigen Plattform 51
    3.4.3 Ein Überblick über den Kaufprozess 52
3.5 Studie zur Tokenisierung von Immobilien 52
    3.5.1 Untersuchung der Entwicklungsbedingungen für tokenisierte Immobilien 54
    3.5.2 Das Fazit der Studie 54

4 Rechte und Sicherheit als Investor 57
4.1 Das sind die Rechte eines Token-Eigentümers 58
    4.1.1 Eigentumsrechte 58
    4.1.2 Ertragsrechte 59
    4.1.3 Mitspracherecht 59
    4.1.4 Veräußerungsrechte 59
4.2 Diese Sicherheiten bekommen Investoren mit dem Token-Kauf 60

4.3		Wie gestaltet sich die rechtliche Situation?	60
	4.3.1	Die rechtliche Verknüpfung von Token und Eigentum	61
	4.3.2	Auseinanderfallen von Token und Eigentum	61
	4.3.3	Die besondere Rolle der Security-Token aus rechtlicher Sicht	62
	4.3.4	Gelten Immobilien-Token rechtlich als Wertpapiere?	64
4.4		Das sind die Pflichten von Token-Eigentümern	66
	4.4.1	Regulatorische Verpflichtungen	66
	4.4.2	Steuerliche Pflichten in Deutschland	67
	4.4.3	Informationspflichten	68
4.5		So funktioniert die Durchsetzung der Rechte bei Immobilien-Token	69

5 Das sind die Risiken bei Tokenisierungs-Geschäften mit Immobilien — 71

5.1		Wie ist ein Immobilien-Token abgesichert?	72
5.2		Welche Versicherungen gibt es für tokenisierte Immobilien?	73
5.3		Physische Immobilien vs. Tokenisierte Immobilien: Die Risiken im Vergleich	75
	5.3.1	Token sind immer technologischen Risiken unterlegen	75
	5.3.2	Was passiert, wenn der Investor seinen Zugriff auf die Wallet verliert?	77
	5.3.3	Wie sicher sind Smart Contracts?	79
5.4		Regulatorische Unsicherheit bei tokenisierten Immobilien	80
	5.4.1	Liquiditätsrisiko bei tokenisierten Immobilien	81
5.5		Wie bewertet das BSI die Sicherheit der Blockchain?	82
	5.5.1	Integrität der Daten – Die Unveränderlichkeit als Kernversprechen	82
	5.5.2	Verfügbarkeit – Ein System, das kaum ausfällt	83
	5.5.3	Vertraulichkeit – Die größte Herausforderung	83

		5.5.4	Authentizität – Sicher durch digitale Signaturen	84
		5.5.5	Anonymität und Pseudonymität – Ein zweischneidiges Schwert	85
		5.5.6	Die Blockchain: Vertrauen ohne Mittelsmann?	85
	5.6	Mangel an historischem Datenmaterial bei tokenisierten Immobilien		86
	5.7	Blockchain schützt nicht vor wertlosen Immobilien		86
	5.8	Die tokenisierte Schuldverschreibung		87
		5.8.1	Was ist eine tokenisierte Schuldverschreibung genau?	87
		5.8.2	Token-Besitzer sind nachrangige Gläubiger	88
	5.9	Regulierung der Tokenisierung durch die BaFin		89
6	**Tokenisierung von Immobilien: Trends und Ausblicke**			91
	6.1	Die Tokenisierung demokratisiert den Immobilienmarkt		92
	6.2	7.2. Technologische Entwicklungen werden die Tokenisierung vorantreiben		92
		6.2.1	Weiterentwicklung von Blockchain Protokollen	92
		6.2.2	Verbesserte KYC- und Compliance-Technologien	94
	6.3	Zunehmende Nutzung von Security-Token Offerings (STO)		95
	6.4	Bessere Regulierung und Compliance von Immobilien-Token		96
	6.5	Integration von DeFi in die Immobilien-Tokenisierung		97

Schluss: Ist die Tokenisierung nun die Zukunft des Immobilieninvestments? 99

Über den Autor

Christoph Straube ist Gründer und Vorstand der W&L AG und hat das Immobiliengeschäft von der Pike auf entlang der gesamten Wertschöpfungskette gelernt. Als zukunftsweisender und nachhaltig agierender Immobilien-Projektentwickler mit Fokus auf Grundstücksentwicklung in Deutschland etablierte sich sein Unternehmen über zahlreiche erfolgreich umgesetzte Projekte.

Die Restrukturierung mit Brandschutz-Problemen belasteten, großen Gebäuden mit über 100 Wohneinheiten und die Sanierungen von schadstoffbelastenden Grundstücken, die brach liegen, ist unter anderem eine Spezialität der W&L AG. Mit über einer Millionen an- und verkauft, sowie entwickelten Quadratmetern lässt der Trackrecord der W&L AG keine Fragen offen.

1 Grundlagen der Technologie

Inhaltsverzeichnis

1.1 Was ist Krypto? 3
    1.1.1 Welche Vorteile haben Kryptowährungen 4
    1.1.2 Wie funktioniert der Kryptohandel? 5
    1.1.3 Das sind die wichtigsten Kryptowährungen im Überblick 5
    1.1.4 Bedeutung von Krypto im Kontext der Tokenisierung 7
    1.1.5 Stabilität durch Stablecoins 8
1.2 Was steckt hinter der Blockchain-Technologie? 8
    1.2.1 Grundprinzipien der Blockchain-Technologie 9
    1.2.2 Unterschiede zwischen verschiedenen Blockchain-Plattformen ... 9
1.3 Was ist Tokenisierung? 10
1.4 Der Unterschied zwischen Tokenisierung und traditionellen Investitionen 10
1.5 Das versteht man unter fungiblen und nicht fungiblen Token 11

© Der/die Autor(en), exklusiv lizenziert an Springer Fachmedien Wiesbaden GmbH, ein Teil von Springer Nature 2025
C. Straube, *Quick Guide Tokenisierung von Immobilien*, Quick Guide,
https://doi.org/10.1007/978-3-658-47164-4_1

> **Was Sie aus diesem Kapitel mitnehmen**
> - Eine Einführung in die Grundlagen von Kryptowährungen und deren Funktion im Finanzsystem.
> - Ein Überblick über die wichtigsten Kryptowährungen und deren Eigenschaften.
> - Erläuterungen zur Funktionsweise des Kryptohandels und der verschiedenen Handelsmethoden.
> - Die Bedeutung von Kryptowährungen im Kontext der Tokenisierung von Immobilien.
> - Ein Ausblick auf Stablecoins und deren Rolle in der Stabilisierung des Marktes.

Die digitale Transformation hat nicht nur einzelne Branchen verändert, sondern ganze Wirtschaftszweige revolutioniert. Dies zeigt sich besonders in Bereichen wie Finanzen, Handel und Kommunikation, wo technologische Innovationen die Geschäftsmodelle neu definiert haben. Die Immobilienbranche, die bislang noch eher als konservativer Sektor wahrgenommen wurde, hat diesen Wandel zunächst langsamer angenommen. Doch die Tokenisierung von Immobilien, die auf der Blockchain-Technologie basiert, könnte die Art und Weise, wie wir in Immobilien investieren, handeln und sie verwalten, grundlegend verändern.

Im Kern ermöglicht die Tokenisierung den Bruch mit traditionellen Investitionsmodellen, indem sie Immobilien in digitale Anteile, sogenannte Token, aufteilt. Dies macht Immobilieninvestitionen zugänglicher, flexibler und effizienter – und bietet Investoren die Möglichkeit, Vermögenswerte zu erwerben und zu handeln, wie es zuvor nur in liquideren Märkten wie Aktien möglich war. Um dieses Potenzial zu verstehen, müssen wir jedoch tiefer in die technischen Grundlagen eintauchen.

Drei wesentliche Technologien bilden das Fundament dieser Transformation: Kryptowährungen, Blockchain und die Tokenisierung selbst. Kryptowährungen wie Bitcoin und Ethereum sind nicht nur digitale Währungen, sondern auch die finanzielle Basis vieler Tokenisierungsprojekte. Sie ermöglichen den schnellen, sicheren und dezentralen Transfer von Werten, ohne dass traditionelle Finanzinstitutionen involviert sein müssen. Im Kontext der Immobilien-Tokenisierung stellen Kryptowährungen die Liquidität bereit, die für den Handel mit tokenisierten Vermögenswerten erforderlich ist.

Die Blockchain-Technologie hingegen ist das Herzstück der Tokenisierung. Sie bietet ein dezentrales, transparentes und fälschungssicheres System, um Transaktionen und Eigentumsrechte aufzuzeichnen. Diese Technologie eliminiert viele der Ineffizienzen, die im traditionellen Immobiliengeschäft existieren, wie lange Bearbeitungszeiten, hohe Transaktionskosten und die Notwendigkeit von Intermediären wie Notaren und Banken. Durch die Nutzung von Smart Contracts, die auf der Blockchain ausgeführt werden, können komplexe Immobiliengeschäfte automatisiert und ohne menschliches Eingreifen abgewickelt werden.

Die Tokenisierung selbst stellt den dritten zentralen Baustein dar. Sie ermöglicht die digitale Repräsentation von physischen Vermögenswerten, wie Immobilien, auf der Blockchain. Dabei wird ein Gebäude oder eine Immobilie in kleinere, handelbare Einheiten (Token) aufgeteilt, die den Besitz an einem Teil des Vermögenswertes repräsentieren. Diese Token können auf digitalen Plattformen gehandelt und übertragen werden, wodurch der Zugang zu Immobilieninvestitionen demokratisiert wird. Kleine Investoren können so in Vermögenswerte investieren, die zuvor nur institutionellen oder vermögenden Anlegern vorbehalten waren.

1.1 Was ist Krypto?

Kryptowährungen sind digitale oder virtuelle Währungen, die Kryptografie (also eine Art Geheimsprache) verwenden, um Transaktionen zu sichern, die Erzeugung neuer Einheiten zu regulieren und die Übertragung von Werten zu ermöglichen. Im Gegensatz zu herkömmlichen Fiat-Währungen, die von Regierungen und Zentralbanken ausgegeben und kontrolliert werden, basieren Kryptowährungen auf dezentralen Netzwerken, die meistens auf der sogenannten Blockchain-Technologie aufbauen. Diese Dezentralisierung macht Kryptowährungen nicht nur unabhängig von zentralen Finanzinstitutionen, sondern auch transparenter, sicherer und manipulationsresistenter.

Der Ursprung von Kryptowährungen liegt in der Idee, ein globales, sicheres und zugängliches Finanzsystem zu schaffen, das ohne die Notwendigkeit von Intermediären wie Banken funktioniert. Diese Vision wurde 2008 mit der Einführung von Bitcoin, der ersten und bis heute bekanntesten Kryptowährung, Wirklichkeit. Bitcoin wurde als Reaktion auf die Finanzkrise geschaffen, um eine Alternative zum bestehenden Finanzsystem anzubieten, das als anfällig für Manipulationen und ineffizient angesehen wurde.

1.1.1 Welche Vorteile haben Kryptowährungen

Kryptowährungen bieten im Vergleich zu traditionellen Währungen eine Reihe von Vorteilen, die sie insbesondere im digitalen und globalen Kontext attraktiv machen. Sie basieren auf dezentralen Netzwerken, die von keiner zentralen Behörde wie einer Bank oder Regierung kontrolliert werden. Dies sorgt für mehr Unabhängigkeit und reduziert das Risiko staatlicher Eingriffe oder wirtschaftlicher Instabilitäten.

Dank der Blockchain-Technologie, die wir im folgenden Abschnitt näher beleuchten, sind alle Transaktionen öffentlich einsehbar und unveränderbar. Dies erhöht die Transparenz und macht Betrug oder Manipulationen sehr schwierig. Zudem werden die Daten durch fortschrittliche kryptografische Verfahren geschützt, was ein hohes Maß an Sicherheit bietet.

Kryptowährungen ermöglichen grenzüberschreitende Transaktionen in Echtzeit, oft zu geringeren Gebühren als bei traditionellen Banküberweisungen oder internationalen Zahlungssystemen. Besonders in Regionen mit schwacher Infrastruktur können Kryptowährungen den Zugang zu Finanzdienstleistungen deutlich erleichtern. Da Kryptowährungen keine Bankkonten oder Kreditwürdigkeitsprüfungen erfordern, bieten sie Menschen in unbanked oder underbanked Regionen Zugang zu globalen Finanzmärkten. Alles, was benötigt wird, ist ein Internetzugang.

Viele Kryptowährungen, insbesondere Bitcoin, sind in ihrer Menge begrenzt, was einen hochgradigen Inflationsschutz ermöglicht. Im Gegensatz zu traditionellen Währungen, die von Zentralbanken in unbegrenzter Menge gedruckt werden können, bieten Kryptowährungen durch ihre festgelegte maximale Menge einen verlässlichen Wertspeicher.

Plattformen wie Ethereum ermöglichen durch die Nutzung von Smart Contracts programmierbare und automatisierte Transaktionen. Wagt man einen Blick in die Zukunft, dann wären sogar automatisierte Immobilienverträge, die ohne Zwischenhändler durchgeführt werden können, zumindest theoretisch möglich.

1.1.2 Wie funktioniert der Kryptohandel?

Der Kryptohandel ist der Prozess des Kaufs, Verkaufs und Tauschens von Kryptowährungen auf spezialisierten Plattformen, den sogenannten Kryptobörsen. Er funktioniert ähnlich wie der Handel mit Aktien, jedoch mit einigen wichtigen Unterschieden. Nutzer können Kryptowährungen entweder direkt mit Fiat-Währungen (wie Euro oder US-Dollar) oder im Austausch gegen andere Kryptowährungen handeln. Transaktionen werden durch sogenannte Orders ausgeführt, bei denen man entweder sofort zum aktuellen Marktpreis kauft oder einen bestimmten Preis festlegt, zu dem die Transaktion stattfinden soll. Der Handel findet rund um die Uhr statt, da Kryptowährungen keiner festen Handelszeit unterliegen. Um Kryptowährungen zu speichern, verwenden Händler digitale Brieftaschen, sogenannte Wallets. Diese können entweder online („Hot Wallets") oder offline („Cold Wallets") sein. Da Kryptowährungen sehr volatil sind, können die Preise schnell und stark schwanken, was sowohl Chancen auf hohe Gewinne als auch Risiken birgt. Sicherheit ist dabei entscheidend, da der Kryptomarkt für Hackerangriffe anfällig sein kann, weshalb Händler ihre Wallets und Konten gut absichern müssen.

1.1.3 Das sind die wichtigsten Kryptowährungen im Überblick

Während Bitcoin die erste Kryptowährung war und nach wie vor den Markt dominiert, sind zahlreiche weitere Kryptowährungen entstanden, die jeweils unterschiedliche Funktionen und Anwendungen haben.

- **Bitcoin (BTC):** Bitcoin wurde 2008 von einer anonymen Person oder Gruppe unter dem Pseudonym Satoshi Nakamoto entwickelt. Es ist als digitales, begrenztes und dezentrales Zahlungsmittel konzipiert worden, das unabhängig von traditionellen Finanzinstitutionen und staatlicher Kontrolle funktioniert. Bitcoin wird oft als „digitales Gold" bezeichnet und dient zunehmend als Wertspeicher, ähnlich wie Edelmetalle.
- **Ethereum (ETH):** Ethereum wurde 2015 von Vitalik Buterin ins Leben gerufen und geht über den ursprünglichen Anwendungsfall von Bitcoin hinaus. Während Bitcoin in erster Linie als digitales Zahlungsmittel verwendet wird, ist Ethereum eine Plattform für dezentrale Anwendungen (dApps) und Smart Contracts. Ethereum ermöglicht es Entwicklern, Blockchain-basierte Anwendungen zu erstellen, die automatisierte und vertrauenswürdige Transaktionen ausführen können, ohne dass ein Mittelsmann erforderlich ist. Diese Smart Contracts sind die Grundlage für die Tokenisierung von Vermögenswerten, einschließlich Immobilien.
- **Ripple (XRP):** Ripple ist eine Kryptowährung, die auf schnelle und günstige grenzüberschreitende Zahlungen spezialisiert ist. Im Gegensatz zu Bitcoin, das vollständig dezentralisiert ist, arbeitet Ripple eng mit Banken und Finanzinstituten zusammen, um deren Zahlungsinfrastrukturen zu verbessern. XRP bietet die Möglichkeit, Werte in Sekundenschnelle über Grenzen hinweg zu transferieren, was es für globale Immobiliengeschäfte interessant macht.
- **Litecoin (LTC):** Litecoin wurde 2011 von Charlie Lee als „leichtgewichtige" Version von Bitcoin entwickelt. Mit kürzeren Blockzeiten und geringeren Transaktionsgebühren kann Litecoin eine effizientere und schnellere Alternative zu Bitcoin sein. Litecoin bietet eine solide Basis für digitale Zahlungen und kann als alternative Kryptowährung in Tokenisierungsprojekten genutzt werden.
- **Cardano (ADA):** Cardano ist eine Blockchain-Plattform, die großen Wert auf wissenschaftlich fundierte Ansätze und Nachhaltigkeit legt. Die Plattform unterstützt intelligente Verträge und ermöglicht sicherere und skalierbarere dezentrale Anwendungen. Cardano wird zunehmend im Bereich der Tokenisierung von Vermögenswerten ge-

nutzt, da die Plattform stark auf Sicherheit und regulatorische Konformität ausgerichtet ist.
- **Polkadot (DOT):** Polkadot ist ein Blockchain-Protokoll, das verschiedene Blockchains miteinander vernetzen kann, um eine solide Basis für Interoperabilität und Skalierbarkeit zu schaffen. Polkadot ermöglicht es, verschiedene Token und Informationen zwischen verschiedenen Blockchains auszutauschen, was es zu einer wertvollen Plattform für die Tokenisierung und den Handel von Immobilien auf mehreren Blockchain-Netzwerken macht.
- **Binance Coin (BNB):** Ursprünglich als Utility-Token der Kryptowährungsbörse Binance eingeführt, hat Binance Coin inzwischen eine größere Bedeutung erlangt und wird auf der Binance Smart Chain verwendet, um dezentrale Anwendungen (dApps) zu betreiben. BNB bietet schnelle und kostengünstige Transaktionen und wird zunehmend in Tokenisierungsprojekten genutzt, da die Binance-Plattform eine der größten Handelsplattformen für Token und Kryptowährungen ist.

1.1.4 Bedeutung von Krypto im Kontext der Tokenisierung

Im Zusammenhang mit der Tokenisierung von Immobilien spielen Kryptowährungen eine zentrale Rolle, da sie die finanzielle Infrastruktur bereitstellen, auf der diese innovative Technologie aufbaut. Beim Immobilienkauf- oder Verkauf ermöglichen Kryptowährungen schnelle, kostengünstige und grenzüberschreitende Transaktionen, die durch traditionelle Banken oft verzögert und dadurch auch verteuert werden. Insbesondere für den internationalen Immobilienmarkt ist dieser Aspekt spannend.

Ethereum mit seiner Smart-Contract-Technologie, ermöglicht die Programmierung automatisierter Verträge, die nur dann ausgeführt werden, wenn bestimmte Bedingungen erfüllt sind. Im Immobilienkontext können beispielsweise Mietzahlungen oder Eigentumsübertragungen durch Smart Contracts automatisiert und ohne menschliches Eingreifen abgewickelt werden.

Kryptowährungen ermöglichen es, Vermögenswerte in kleinere Teile zu zerlegen und als Token darzustellen. Während früher eine Immobilie nur als Ganzes gekauft oder verkauft werden konnte, ist der Handel heute wesentlich flexibler möglich. Anstatt eine ganze Immobilie zu kaufen, können Investoren Token erwerben, die nur einen kleinen Bruchteil der Immobilie darstellen. Dies öffnet den Markt für eine breitere Investorenschicht und demokratisiert ihn.

1.1.5 Stabilität durch Stablecoins

Ein weiterer wichtiger Aspekt im Kontext der Tokenisierung von Immobilien ist die Rolle von Stablecoins. Stablecoins sind Kryptowährungen, deren Wert an traditionelle Vermögenswerte wie den US-Dollar, Euro oder andere Fiat-Währungen gekoppelt ist. Im Immobiliensektor spielt die Verwendung von Stablecoins eine wichtige Rolle, weil sie den Marktteilnehmern einen sicheren Mechanismus für die Wertübertragung bietet, der nicht den Preisschwankungen traditioneller Kryptowährungen unterliegt. Dadurch wird das Risiko von Preisschwankungen zwischen der Transaktion und der Abwicklung reduziert, was den Handel mit tokenisierten Immobilien erheblich vereinfacht.

1.2 Was steckt hinter der Blockchain-Technologie?

Die Blockchain-Technologie hat sich als eine der disruptivsten Innovationen des digitalen Zeitalters etabliert. Sie revolutioniert die Art und Weise, wie Daten gespeichert, verwaltet und ausgetauscht werden, und bietet eine sichere, transparente und dezentrale Alternative zu traditionellen Systemen. In diesem Kapitel werden wir uns eingehend mit der Blockchain befassen, um das Potenzial der Blockchain im Kontext der Tokenisierung von Immobilien und darüber hinaus zu erkennen.

1.2.1 Grundprinzipien der Blockchain-Technologie

Die Blockchain-Technologie funktioniert wie ein digitales Kassenbuch, das nicht an einem Ort gespeichert ist, sondern von vielen Computern (den Knoten) gleichzeitig verwaltet wird. Jeder „Block" in der Blockchain ist wie eine Seite in diesem Kassenbuch und enthält Informationen über Transaktionen, den Zeitpunkt dieser Transaktionen und einen speziellen Code (den Hash), der mit der vorherigen Seite (dem vorherigen Block) verbunden ist.

Diese Verbindung zwischen den Blöcken schafft eine sichere und chronologische Kette. Da jeder Block auf den vorherigen verweist, ist es nahezu unmöglich, eine einzelne Seite zu verändern, ohne dass alle nachfolgenden Seiten ebenfalls verändert werden müssten. Das macht die gesamte Kette sehr stabil und fälschungssicher.

Da die Blockchain dezentral ist, benötigt sie keine zentrale Autorität, wie eine Bank oder Regierung, um Transaktionen zu bestätigen. Das bedeutet, dass keine einzelne Person oder Institution die Kontrolle hat, was das Risiko von Betrug und Manipulation erheblich verringert. So können alle Teilnehmer im Netzwerk darauf vertrauen, dass die Informationen korrekt und sicher sind.

1.2.2 Unterschiede zwischen verschiedenen Blockchain-Plattformen

Es gibt verschiedene Blockchain-Plattformen, die jeweils unterschiedliche Funktionen und Anwendungsfälle anbieten. Einige Kryptowährungen, wie Bitcoin und Ethereum, haben ihre eigenen, unabhängigen Blockchain-Plattformen. Viele andere Kryptowährungen sind Token, die auf bestehenden Plattformen basieren. Zum Beispiel sind viele neue Kryptowährungen und Projekte auf der Ethereum-Plattform erstellt worden, indem sie die Smart-Contract-Funktionalität nutzen. Diese Token nutzen die Infrastruktur von Ethereum, ohne eine eigene Blockchain zu benötigen. Einige Plattformen, wie Polkadot, ermöglichen die Interoperabilität zwischen verschiedenen Blockchains, sodass Token von verschiedenen Projekten miteinander kommunizieren können.

1.3 Was ist Tokenisierung?

Tokenisierung ist der Prozess, bei dem physische oder digitale Vermögenswerte in digitale Einheiten, sogenannte Token, umgewandelt werden. Diese Token repräsentieren den Besitz oder einen Teil des Vermögenswertes und werden auf einer Blockchain gespeichert. Das Grundkonzept der Tokenisierung ermöglicht es wie bereits erwähnt, physische Vermögenswerte wie eine Immobilie in kleinere, handelbare Einheiten zu zerlegen.

Die Tokenisierung kann für verschiedene Arten von Vermögenswerten verwendet werden. Dazu gehören nicht nur Immobilien, sondern zum Beispiel auch Kunstgegenstände oder andere Werte.

1.4 Der Unterschied zwischen Tokenisierung und traditionellen Investitionen

Der wesentliche Unterschied zwischen einer Tokenisierung und traditionellen Investitionen liegt in der Art und Weise, wie Vermögenswerte repräsentiert und gehandelt werden. Bei traditionellen Investitionen erfolgten der Kauf und Verkauf von Vermögenswerten meistens über Intermediäre wie Banken, Börsen oder Makler. Dies ist dann mit entsprechenden Kosten und langen Bearbeitungszeiten verbunden.

Im Gegensatz dazu ermöglicht die Tokenisierung einen direkten Peer-to-Peer-Handel. Investoren können Token auf digitalen Plattformen kaufen, verkaufen oder tauschen, ohne auf Vermittler angewiesen zu sein. Alle Transaktionen werden öffentlich aufgezeichnet und sind unveränderlich, was Manipulationen nahezu unmöglich macht.

1.5 Das versteht man unter fungiblen und nicht fungiblen Token

Wenn Sie sich näher mit dem Thema der Kryptowährungen und der Tokenisierung und der Kryptowährungen beschäftigen, dann wird Ihnen auch der Begriff des fungiblen Token begegnen, die von nicht-fungiblen Token abgegrenzt werden müssen.

1. Fungible Token
Fungible Token sind identische Einheiten, die untereinander austauschbar sind. Jeder Token hat den gleichen Wert und kann durch jeden anderen Token derselben Art ersetzt werden. Dadurch sind fungible Token die erste Wahl als Zahlungsmittel für den Handel.
Beispiele: Kryptowährungen wie Bitcoin (BTC) oder Ethereum (ETH) fallen in diese Kategorie. Ein Bitcoin ist immer gleichwertig zu einem anderen Bitcoin, was einen reibungslosen und einfachen Austausch ermöglicht. Diese Austauschbarkeit ist entscheidend für die Funktionalität von Währungen, da sie den Handel und die Transaktionen erleichtert.

2. Nicht fungible Token (NFTs)
Im Gegensatz dazu sind nicht fungible Token einzigartig und nicht untereinander austauschbar oder teilbar. Jeder NFT hat spezifische Eigenschaften oder Informationen, die ihn von anderen Token unterscheiden. Diese Einzigartigkeit macht NFTs besonders wertvoll in Bereichen, in denen der Besitz eines spezifischen Vermögenswerts wichtig ist. Ein Beispiel für einen nicht fungiblen Token ist ein Schmuckstück.

Ihr Transfer in die Praxis
- Kryptowährungen bieten erstaunliche Potenziale in einem bislang konservativen Markt
- Es stehen verschiedene Kryptowährungen zur Auswahl, die individuell für das Investitionsvorhaben ausgewählt werden müssen
- Im Immobiliensektor bieten Kryptowährungen nicht nur Finanzierungslösungen, sondern sind auch für die Automatisierung von Verträgen interessant

2

Tokenisierung von Immobilien

Inhaltsverzeichnis

2.1 Grundlagen der Tokenisierung von Immobilien 15
    2.1.1 So funktioniert die Tokenisierung im Immobilienbereich 15
    2.1.2 Wie funktionieren der Handel und die Übertragung von Token? 17
2.2 Bei der Tokenisierung kommen vor allem Equity-Token und Security-Token zum Einsatz 17
    2.2.1 Was ist ein Equity-Token? 17
    2.2.2 Security-Token 19
    2.2.3 Welche Token sind nun besser für Immobiliengeschäfte geeignet? 20
2.3 Vorteile der Tokenisierung von Immobilien 21
2.4 Das sind die generellen Risiken 23
2.5 Wie unterscheidet sich die Tokenisierung von anderen Finanzierungsformen auf dem Immobilienmarkt? 25
2.6 Wie funktionieren Smart Contracts auf der Blockchain? 26
    2.6.1 Smart Contracts sind gar keine so neue Erfindung 27
    2.6.2 Wie genau funktionieren Smart Contracts? 27

© Der/die Autor(en), exklusiv lizenziert an Springer Fachmedien Wiesbaden GmbH, ein Teil von Springer Nature 2025
C. Straube, *Quick Guide Tokenisierung von Immobilien*, Quick Guide, https://doi.org/10.1007/978-3-658-47164-4_2

2.6.3 Smart Contracts: Ein wesentlicher Bestandteil der
Tokenisierung von Immobilien 28
2.6.4 Smart Contracts: Auch Risiken müssen im Blick bleiben 28
2.7 Für welche Arten von Immobilien eignet sich die Tokenisierung? 31
2.8 Anwendungsbeispiele der Tokenisierung im Immobiliensektor 32
2.8.1 Pionierarbeit bei der Tokenisierung: Elevated Returns und
das St. Regis Resort 33

> **Was Sie aus diesem Kapitel mitnehmen**
> - Verständnis des grundlegenden Konzepts und der Funktionsweise der Tokenisierung von Immobilien
> - Detaillierte Betrachtung der Vorteile, die die Tokenisierung sowohl für Investoren als auch für Immobilienbesitzer mit sich bringt
> - Eine Erklärung, wie Immobilien in digitale Token umgewandelt werden
> - Einblick in die Technologien, die hinter der Tokenisierung stehen

Die Möglichkeit, Immobilien nicht mehr nur als Ganzes zu kaufen, sondern lediglich Anteile davon zu erwerben, ist eine regelrechte Revolution auf dem Immobilienmarkt. Insbesondere für Investoren, die nur einen begrenzten finanziellen Freiraum haben, ist die Tokenisierung eine attraktive Alternative. Während der Kauf von Immobilien bislang durch hohe Eintrittsbarrieren beschränkt war, bietet die Tokenisierung eine demokratische Lösung. Kleine und mittelgroße Investoren können nun von den potenziellen Renditen des Immobilienmarktes profitieren, der zuvor vor allem großen institutionellen Anlegern vorbehalten war.

Doch die Tokenisierung ist nicht nur eine Frage des Zugangs. Sie bringt auch erhöhte Liquidität, Transparenz und Effizienz in den Immobilienhandel. Durch den Einsatz von Blockchain-Technologie können Transaktionen schneller und sicherer abgewickelt werden, und die Eigentumsverhältnisse sind klar dokumentiert. In diesem Kapitel werden wir die Prinzipien und Vorteile der Tokenisierung von Immobilien genauer untersuchen und die vielversprechenden Möglichkeiten aufzeigen, die diese innovative Technologie für den Immobiliensektor – und Sie als potenziellen Investor – bietet.

2.1 Grundlagen der Tokenisierung von Immobilien

Die Tokenisierung von Immobilien ist ein noch relativ neuartiger Prozess, der die traditionellen Investitions- und Finanzierungsansätze im Immobiliensektor grundlegend verändert. Im Kern geht es darum, physische Immobilien in digitale Anteile, sogenannte Token, umzuwandeln. Diese Token repräsentieren entweder einen bestimmten Anteil an der Immobilie oder spezielle Rechte, die mit dem Eigentum verbunden sind, wie etwa Mietzahlungen oder Mitspracherechte bei Entscheidungen.

2.1.1 So funktioniert die Tokenisierung im Immobilienbereich

Um den Prozess der Tokenisierung greifbarer zu machen, stellen Sie sich eine Wohnung in einem Mehrfamilienhaus vor. Anstatt die gesamte Immobilie zu kaufen, können Investoren Anteile an dieser Wohnung in Form von Token erwerben. Nehmen wir an, ein Apartment wird in 100 Token aufgeteilt. Jeder Token repräsentiert dann 1 % des Eigentums an diesem Apartment. Dadurch können auch kleinere Investoren, die nicht die Mittel haben, eine ganze Immobilie zu kaufen, an der Wertsteigerung und den Mieteinnahmen des Objekts partizipieren.

Sehen wir uns beispielhaft den Prozess der Tokenisierung einer Immobilie über eine Plattform an

Die Tokenisierung einer Immobilie ist ein mehrstufiger Prozess, der eine Immobilie in digitale Einheiten (Token) umwandelt, die auf einer Blockchain basieren und von Investoren gekauft werden können. Hier ist eine detaillierte Darstellung dieses Prozesses:

   1. Erstellung des Offerings
   Listing der Immobilie: Der Prozess beginnt, wenn eine neue Immobilie auf einer Investmentplattform gelistet wird. Die Plattform erstellt ein sogenanntes „Offering", das die tokenisierte Immobilie repräsentiert. Dieses Offering enthält wichtige Informationen über die Immobilie, ein-

schließlich ihrer Lage, Größe, Preis und Renditepotenzial. Investoren können sich Anteile an der Immobilie durch den Kauf von Token sichern.

2. Onboarding des Investors

Registrierung: Bevor Investoren Anteile an einer Immobilie erwerben können, müssen sie ein Konto auf der Investmentplattform erstellen. Dies erfordert das Durchlaufen eines sogenannten KYC-Prozesses (Know Your Customer), der zur Überprüfung der Identität dient.

KYC-Prozess: Der Investor muss Angaben zu seiner Person sowie Informationen über die Herkunft seines Kapitals bereitstellen. Zudem wird die Identität des Investors durch einen Videoanruf und die Verifizierung eines Lichtbildausweises geprüft, den der Investor hochladen muss.

3. Erstellung einer ONCHAINID

Nach erfolgreicher Identitätsüberprüfung wird dem Investor eine ONCHAINID zugewiesen. Dies ist eine blockchain-basierte Identitätsrepräsentation. Für diese ONCHAINID wird auch ein Wallet erstellt, das als digitale Brieftasche dient, um die gekauften Token zu speichern.

Identitäts-Claim: Ein Bestätigungsnachweis (Claim) der Identität des Investors wird auf der Blockchain gespeichert. Dadurch wird der Investor in eine Whitelist aufgenommen, was ihm erlaubt, am Kaufprozess teilzunehmen.

4. Kauf von Token

Nachdem der Investor erfolgreich verifiziert wurde, kann er Anteile an der Immobilie durch den Kauf von Token erwerben. Der Preis der Token spiegelt den Wert der Immobilie wider. Der Token stellt einen proportionalen Anteil an der Immobilie dar.

Erreichen der Investitionssumme: Wenn die notwendige Investitionssumme durch die Tokenverkäufe erreicht wird, wird ein Token-Vertrag auf der Blockchain ausgeführt. Alle Investoren, die sich beteiligt haben, erhalten die entsprechenden Token in ihren Wallets. Sollte die Investitionssumme nicht erreicht werden, wird das Geld an die Investoren zurückgezahlt.

5. Wertsteigerung und Ausschüttungen

Die Token repräsentieren den Eigentumsanteil an der Immobilie. Wenn die Immobilie im Wert steigt, steigt auch der Wert der Token. Investoren profitieren nicht nur von der potenziellen Wertsteigerung, sondern erhalten auch regelmäßige Ausschüttungen, wie z. B. Mieteinnahmen, anteilig entsprechend der Anzahl ihrer gehaltenen Token.

2.1.2 Wie funktionieren der Handel und die Übertragung von Token?

Ein wesentlicher Vorteil der Tokenisierung besteht darin, dass die Token auf Sekundärmärkten gehandelt werden können. Investoren können ihre Token verkaufen, tauschen oder an andere überweisen, solange der Empfänger ebenfalls eine validierte ONCHAINID besitzt. Dies schafft zusätzliche Liquidität und Flexibilität für Immobilieninvestitionen, die traditionell als illiquide gelten.

2.2 Bei der Tokenisierung kommen vor allem Equity-Token und Security-Token zum Einsatz

Für die Tokenisierung von Immobilien kommen grundsätzlich zwei verschiedene Arten von Token zum Einsatz, die jeweils unterschiedliche rechtliche und wirtschaftliche Merkmale haben. In diesem Kapitel lohnt daher ein Blick auf die relevanten Token für Immobiliengeschäfte.

2.2.1 Was ist ein Equity-Token?

Ein **Equity-Token** im Immobilienbereich repräsentiert digitale Anteile an einem Unternehmen oder einer Gesellschaft, die eine Immobilie besitzt oder verwaltet. Im Gegensatz zu anderen Token-Arten (z. B. Debt-Token, die Schulden repräsentieren, oder Utility-Token, die Zugang zu Dienstleistungen bieten) vermittelt ein Equity-Token tatsächliche Eigentumsrechte am Unternehmen oder an der Immobilie selbst.

Bei Immobilien bedeutet dies, dass ein Inhaber eines **Equity-Token** ein Miteigentümer an der Immobilie ist und von den Gewinnen profitiert, die das Unternehmen durch die Immobilie generiert, wie etwa Mieteinnahmen oder Verkaufserlöse. Im Wesentlichen ist ein Equity-Token wie eine digitale Version von Aktien, aber an eine Immobilie oder eine Immobiliengesellschaft gebunden.

Wichtige Merkmale eines Immobilien-Equity-Token:

1. **Eigentumsrechte:** Der Equity-Token-Inhaber besitzt einen Anteil an der Immobilie oder dem Immobilienunternehmen. Diese Anteile können als Stimmrechte, Gewinnbeteiligungen oder Anteile an der Wertsteigerung der Immobilie ausgestaltet sein.
2. **Dividenden:** Die Token-Inhaber können an den Gewinnen, die durch Mieten, Verkauf oder sonstige Erträge der Immobilie erzielt werden, beteiligt werden. Diese Ausschüttungen erfolgen in der Regel regelmäßig, basierend auf den Einkünften aus der Immobilie.
3. **Wertsteigerung:** Wenn der Wert der Immobilie steigt, profitieren die Equity-Token-Inhaber proportional von dieser Wertsteigerung, ähnlich wie Aktionäre, deren Aktienwert bei steigendem Unternehmenswert steigt.
4. **Regulierung:** Equity-Token unterliegen den gleichen Vorschriften wie traditionelle Wertpapiere, da sie tatsächliche Eigentumsrechte darstellen. Sie müssen daher in den meisten Ländern den Regeln der Finanzmarktaufsicht entsprechen (z. B. BaFin in Deutschland oder SEC in den USA).
5. **Handelbarkeit:** Diese Token können auf digitalen Plattformen gehandelt werden, was eine größere Liquidität schafft als bei herkömmlichen Immobilieninvestitionen. Dadurch können Investoren ihre Anteile einfacher kaufen oder verkaufen.
6. **Niedrigere Einstiegshürden:** Da ein Equity-Token einen Bruchteil einer Immobilie repräsentiert, können auch kleinere Anleger in große Immobilienprojekte investieren, ohne die gesamte Immobilie kaufen zu müssen.

Zusammengefasst: **Immobilien-Equity-Token** bieten Investoren die Möglichkeit, Anteile an Immobilienunternehmen oder Immobilien selbst zu besitzen und von deren Erträgen und Wertsteigerungen zu profitieren. Sie kombinieren die Vorteile von Aktien und Immobilieninvestitionen, während sie durch die Blockchain-Technologie den Handel und die Verwaltung dieser Anteile erleichtern.

2.2.2 Security-Token

Ein **Security-Token für Immobilien** repräsentiert digitale Anteile an einem realen Immobilienvermögen, wie zum Beispiel einem Gebäude, Grundstück oder Immobilienportfolio. Diese Token ermöglichen es, den Besitz oder die Erträge einer Immobilie digital und in kleinen Anteilen zu handeln, ähnlich wie Aktien eines Unternehmens. Ein Anleger, der einen solchen Token erwirbt, hat also bestimmte Rechte an der zugrunde liegenden Immobilie, wie zum Beispiel einen Anteil an Mieteinnahmen oder dem Verkaufserlös.

Wichtige Merkmale eines Security-Token im Immobilienbereich:

1. **Repräsentation von Eigentum:** Ein Security-Token kann einen Bruchteil einer Immobilie repräsentieren, wodurch es möglich ist, Anteile an großen Immobilienprojekten zu erwerben, ohne die gesamte Immobilie kaufen zu müssen.
2. **Regulierung:** Immobilien-Security-Token unterliegen den gesetzlichen Bestimmungen des Wertpapierhandels. In vielen Ländern gelten sie als Wertpapiere und sind dementsprechend durch Aufsichtsbehörden wie die BaFin in Deutschland oder die SEC in den USA reguliert.
3. **Dividenden und Erträge:** Token-Inhaber können an den Erträgen der Immobilie, wie Mieteinnahmen oder Wertsteigerungen, beteiligt werden. Diese Erträge werden in der Regel digital ausgezahlt.
4. **Erhöhte Liquidität:** Traditionell sind Immobilieninvestitionen wenig liquide, da der Kauf oder Verkauf von Immobilien zeitaufwendig und teuer ist. Mit Security-Token können Anteile an Immobilien jedoch auf digitalen Plattformen gehandelt werden, was den Markt zugänglicher und liquider macht.

5. **Niedrigere Eintrittsbarrieren:** Dank der Tokenisierung können auch Kleinanleger in große Immobilienprojekte investieren, indem sie kleine Anteile erwerben. Dadurch werden Immobilieninvestitionen demokratisiert.

Zusammengefasst machen **Immobilien-Security-Token** den Handel mit Immobilienanteilen einfacher, schneller und zugänglicher, wobei sie dennoch den gesetzlichen Bestimmungen unterliegen, die für den Schutz der Anleger sorgen.

2.2.3 Welche Token sind nun besser für Immobiliengeschäfte geeignet?

Immobilien-Security-Token haben das Potenzial, die Art und Weise, wie wir in Immobilien investieren, grundlegend zu verändern. Neben den generellen Vorteilen wie einer erhöhten Liquidität durch die Schnelligkeit, mit der Transaktionen abgeschlossen werden können, ermöglichen Security-Token einen Handel von Immobilienanteilen fast in Echtzeit. Diese Tokenisierung macht es so einfach, Anteile an einer Immobilie zu kaufen oder zu verkaufen, wie Aktien an der Börse zu handeln. Zudem sind die Transaktionskosten deutlich geringer.

Security-Token eröffnen weltweite Investitionsmöglichkeiten, da Investoren über Plattformen und ohne geografische Einschränkungen auf Immobilienprojekte zugreifen können. Es spielt keine Rolle mehr, ob sich eine attraktive Immobilie auf einem anderen Kontinent befindet; der Zugang ist durch die digitale Natur der Token gewährleistet.

Immobilien-Equity-Token unterscheiden sich deutlich von Security-Token, da sie den Anlegern tatsächliche Eigentumsrechte an einer Immobilie oder einem Immobilienunternehmen verleihen. Ein Equity-Token repräsentiert einen Anteil am Unternehmen oder an der Immobilie selbst, was bedeutet, dass der Investor nicht nur in den Wert des Token investiert, sondern auch am Erfolg der Immobilie direkt beteiligt ist. Dies eröffnet spannende Möglichkeiten: Wer Equity-Token hält, kann zum Beispiel an den regelmäßigen Erträgen teilhaben, die durch Mieteinnahmen generiert werden. Die Token-Inhaber erhalten Dividenden, ähnlich wie Aktionäre eines Unternehmens, und können regelmäßig von den Gewinnen profitieren.

Darüber hinaus bietet die Beteiligung am Wertzuwachs der Immobilie eine attraktive Perspektive für langfristig orientierte Investoren. Wenn der Marktwert der Immobilie steigt, erhöht sich auch der Wert der Equity-Token, sodass der Anleger nicht nur durch Dividenden, sondern auch durch Wertsteigerungen profitieren kann. Diese Investitionsform schafft zudem Transparenz und Sicherheit, da die Blockchain-Technologie jede Transaktion unveränderlich und öffentlich aufzeichnet. Das Vertrauen in den Markt wird dadurch gestärkt, und Manipulationen sind nahezu ausgeschlossen.

2.3 Vorteile der Tokenisierung von Immobilien

Durch die Digitalisierung und den Einsatz von Blockchain-Technologie eröffnen sich zahlreiche Vorteile, die sowohl für Investoren als auch für Immobilienbesitzer von Bedeutung sind.

Erhöhte Liquidität
Ein wesentlicher Vorteil der Tokenisierung ist die erhöhte Liquidität von Immobilieninvestitionen. Traditionell sind Immobilien illiquide Vermögenswerte, die jahrelange Bindungen erfordern und sich nicht so einfach spontan wieder in liquides Vermögen zurückverwandeln lassen. Mit der Tokenisierung können Immobilien in kleinere Anteile, sogenannte Token, aufgeteilt werden. Dies ermöglicht es Investoren, Bruchteile einer Immobilie zu erwerben und diese Token auf digitalen Marktplätzen zu handeln. Dadurch wird der Zugang zu Immobilieninvestitionen für eine breitere Investorenschicht erleichtert und die Möglichkeit geschaffen, Anteile schneller zu kaufen und zu verkaufen.

Geringere Zugangshürden
Die Tokenisierung senkt die Eintrittsbarrieren für den Immobilienmarkt erheblich. Anstatt Kapital in Höhe von Hunderttausenden oder Millionen aufzubringen, können Anleger bereits mit kleineren Beträgen, oft

schon ab einigen Hundert Euro investieren. Dies demokratisiert den Immobilienmarkt und eröffnet neue Möglichkeiten für Kleinanleger, die zuvor von Immobilieninvestitionen ausgeschlossen waren.

Transparenz und Nachverfolgbarkeit
Durch die Nutzung der Blockchain-Technologie wird jede Transaktion in der Tokenisierung transparent und nachvollziehbar. Alle Beteiligten können den Verlauf der Token und die damit verbundenen Transaktionen einsehen. Diese Transparenz verringert das Risiko von Betrug und Manipulation und stärkt das Vertrauen der Anleger in den Markt. Die unveränderliche Natur der Blockchain sorgt zudem dafür, dass alle Eigentumsrechte und Transaktionen sicher und fälschungssicher dokumentiert werden.

Effizienz und Kosteneinsparungen
Die Tokenisierung führt zu einer erheblichen Effizienzsteigerung im Immobiliengeschäft. In traditionellen Immobiliengeschäften sind häufig sehr viele Zwischenhändler wie Notare, Banken und Makler involviert. Dadurch steigen die Transaktionskosten und auch die Bearbeitungszeiten verlängern sich häufig zum Ärger der Investoren. Durch den Einsatz von Smart Contracts auf der Blockchain können viele dieser Schritte automatisiert und vereinfacht werden. Diese automatisierten Prozesse reduzieren nicht nur die Kosten, sondern beschleunigen auch den gesamten Transaktionsablauf.

Diversifikation von Investitionen
Die Tokenisierung ermöglicht eine breitere Diversifikation von Immobilieninvestitionen. Statt das gesamte Vermögen in ein Objekt zu legen, können Anleger mit Token in mehrere Projekte oder Immobilien gleichzeitig investieren, ohne eine große Menge Kapital binden zu müssen. Diese Diversifizierung verringert das Risiko und erhöht die Flexibilität für Anleger, ihre Portfolios strategischer zu gestalten.

Zugang zu globalen Märkten
Die Tokenisierung von Immobilien eröffnet Investoren Zugang zu globalen Märkten. Da Token digital sind, können sie international

gehandelt werden. Immobilien können auf diese Weise sehr viel leichter auch über Ländergrenzen gekauft und verkauft werden. Außerdem fallen beispielsweise auch Transaktionsgebühren wie der Umtausch von Währungen weg.

Sicherheit durch Smart Contracts
Smart Contracts, die auf der Blockchain ausgeführt werden, bieten zusätzliche Sicherheit in der Tokenisierung von Immobilien. Diese automatisierten Verträge führen Transaktionen nur dann aus, wenn vordefinierte Bedingungen erfüllt sind. Dadurch wird das Risiko menschlicher Fehler oder von bewussten Manipulationen weiter reduziert. Investoren können sicher sein, dass die vereinbarten Bedingungen eingehalten werden.

2.4   Das sind die generellen Risiken

Wie bei jedem Geschäft ist auch die Tokenisierung von Immobilien mit bestimmten Risiken behaftet. Daher sollte sich jeder Investor auch mit potenziellen Komplikationen beschäftigen, die mit dieser Art des Investments einhergehen können.

Regulatorische Unsicherheiten
Die Tokenisierung von Immobilien ist ein relativ neues Konzept, das sich in einem dynamischen regulatorischen Umfeld bewegt. Die gesetzlichen Rahmenbedingungen sind in vielen Ländern noch nicht klar definiert, und die Regulierung kann sich schnell ändern. Diese Unsicherheiten können mögliche rechtliche Risiken für Investoren mit sich bringen oder – im Falle einer rechtlichen Anpassung – auch zusätzliche Kosten.

Technologische Risiken
Da die Tokenisierung auf Blockchain-Technologie basiert, sind technische Probleme potenzielle Risiken. Dazu gehören Sicherheitslücken in der Software, Schwachstellen im Smart Contract oder sogar Hacks, bei denen Anlegergelder gestohlen werden. Obwohl Blockchain als sehr sicher gilt, ist keine Technologie völlig immun gegen Angriffe. Zudem

können Fehler in der Programmierung von Smart Contracts zu erheblichen Verlusten führen, insbesondere wenn sie nicht gründlich getestet wurden.

Marktrisiken und Volatilität
Die Märkte für tokenisierte Immobilien sind noch relativ neu und können daher volatil sein. Die Preise für tokenisierte Anteile können stark schwanken, abhängig von Angebot und Nachfrage, Marktbedingungen und wirtschaftlichen Faktoren. Diese Volatilität kann das Risiko erhöhen, insbesondere für Anleger, die kurzfristige Gewinne anstreben. Zudem ist der Markt für tokenisierte Immobilien nicht so liquide wie traditionelle Immobilienmärkte, was den Verkauf von Anteilen erschweren kann, wenn die Nachfrage sinkt.

Mangel an historischen Daten
Da die Tokenisierung von Immobilien eine neuartige Anlagemethode ist, fehlen noch langfristige historische Daten und Vergleiche zu traditionellen Investitionen. Dies erschwert die Bewertung von tokenisierten Immobilien und die Analyse ihrer Renditepotenziale. Anleger haben möglicherweise Schwierigkeiten, fundierte Entscheidungen zu treffen, da sie nicht auf bewährte Modelle oder Daten zurückgreifen können.

Abhängigkeit von Drittanbietern
Die Tokenisierung von Immobilien erfordert in aller Regel die Zusammenarbeit mit verschiedenen Drittanbietern, wie z. B. Plattformen zur Durchführung von Transaktionen, Rechtsberatern und Technologieanbietern. Diese Abhängigkeit bringt immer auch Risiken mit sich, insbesondere dann, wenn Drittanbieter ihre Dienstleistungen nicht ordnungsgemäß erbringen oder insolvent werden. Ein Ausfall kann die gesamte Tokenisierungsstrategie gefährden.

Illiquidität in bestimmten Phasen
Obwohl die Tokenisierung die Liquidität von Immobilieninvestitionen erhöht, kann es in bestimmten Marktphasen trotzdem zu Illiquidität kommen. Gerade in einem schwachen Markt kann es hier schnell zu Problemen kommen. Wenn Anleger auf die Rückflüsse aus ihren In-

vestitionen angewiesen sind, kann es auch im Rahmen der Tokenisierung analog zu traditionellen Investments zu finanziellen Engpässen kommen.

Wertverlust der zugrunde liegenden Immobilie
Die Wertentwicklung tokenisierter Immobilien ist auch an die Wertentwicklung der zugrunde liegenden physischen Immobilie gebunden. Wenn die Immobilie an Wert verliert, hat dies direkte Auswirkungen auf den Wert der Token. Marktrisiken, wirtschaftliche Veränderungen oder lokale Entwicklungen können den Immobilienwert auch in Form der Token negativ beeinflussen.

Ein späteres Kapitel widmet sich noch einmal ausführlich der Thematik der Risiken, wenn ein tieferes Verständnis für die Grundlagen, die Prozesse und Rahmenbedingungen vorhanden ist.

2.5 Wie unterscheidet sich die Tokenisierung von anderen Finanzierungsformen auf dem Immobilienmarkt?

Der Immobilientoken ist ein Anlageinstrument, das ähnlich funktioniert wie Anteile an **geschlossenen Immobilienfonds**, die in ein oder zwei Immobilien investieren. Ein wichtiger Unterschied besteht jedoch in der Mindestinvestitionshöhe: Während bei geschlossenen Immobilienfonds oft mindestens 5.000 Euro oder mehr erforderlich sind, können Anleger bei den meisten Tokenisierungsprojekten bereits mit 100 bis 500 Euro einsteigen. Dies macht es für Privatanleger deutlich einfacher, ein Portfolio mit verschiedenen Immobilieninvestments aufzubauen.

Offene Immobilienfonds bieten ebenfalls die Möglichkeit, mit kleineren Beträgen zu investieren, jedoch geht der Anleger hier meist in unterschiedliche Projekte und verlässt sich auf die Entscheidungen des Fondsmanagers. Im Vergleich dazu ermöglichen Immobilientoken eine direktere und flexiblere Anlagemöglichkeit, die speziell auf die Bedürfnisse von Privatanlegern zugeschnitten ist.

Genau genommen stellen die Tokenisierung von Immobilien und der Verkauf von Immobilientoken an Privatanleger eine neue **Art des Crow-**

dinvestings dar. In Deutschland gelten Immobilientoken als Wertpapiere, was bedeutet, dass ihre Emission von der BaFin genehmigt werden muss. Dies bietet Anlegern ein höheres Maß an Sicherheit im Vergleich zu herkömmlichem Crowdinvesting, das oft mit weniger regulierten Märkten in Verbindung gebracht wird.

Beide Finanzierungsformen sind in der Regel **nachrangige, eigenkapitalähnliche Anleihen**. Ein Vorteil der Immobilientoken ist, dass etwa die Hälfte der Anbieter den Anlegern die Möglichkeit bietet, ihre Token auf einem Sekundärmarkt zu handeln. Während Crowdinvesting häufig zur Finanzierung von Neubauprojekten genutzt wird, können Immobilientoken sowohl für Projektentwicklungen als auch für Bestandsimmobilien eingesetzt werden.

Ein Sonderfall in diesen Strukturen ist die **Tokenisierung von selbst bewohnten Immobilien**. Die Blockchain-Technologie ermöglicht es, Immobilien unkompliziert zu tokenisieren und einen Teil dieser Token an Dritte zu verkaufen. Anleger können dabei eine stille Beteiligung an Wohnimmobilien in Form von Token erwerben. Verschiedene Token-Strukturen sind möglich, wobei einige Anbieter, wie Brickbuy, es Hausbesitzern erlauben, bis zu 49 % ihrer Immobilie zu tokenisieren und zu verkaufen. In diesen Modellen profitieren Token-Käufer von der Wertentwicklung der Immobilie, ohne jedoch Miet- oder andere Einnahmen zu erhalten. Diese Art der Tokenisierung stellt auch eine Konkurrenz zu Banken dar, da Tokenverkäufe Hypothekenkredite vorzeitig ablösen oder gar nicht erforderlich machen können.

2.6 Wie funktionieren Smart Contracts auf der Blockchain?

Smart Contracts sind selbst ausführende Verträge, die auf der Blockchain-Technologie basieren. Sie funktionieren nach dem Prinzip „Wenn-dann", was bedeutet, dass bestimmte Bedingungen, die im Vertrag festgelegt wurden, automatisch erfüllt werden, sobald sie eintreten. Einmal auf der Blockchain gespeichert, können diese Verträge nicht mehr verändert werden, was Manipulationen nahezu unmöglich macht. Das sorgt für Transparenz und Sicherheit.

2.6.1 Smart Contracts sind gar keine so neue Erfindung

Die Idee der Smart Contracts wurde erstmals 1994 von Nick Szabo, einem amerikanischen Informatiker und Kryptographen, vorgestellt. Szabo erkannte das Potenzial digitaler Verträge, die automatisch ausgeführt werden können, sobald bestimmte Bedingungen erfüllt sind. Er verglich sie mit Automaten, bei denen eine bestimmte Aktion (wie der Einwurf von Geld) eine festgelegte Reaktion (das Herausgeben eines Produkts) auslöst. Obwohl die Idee bahnbrechend war, konnte sie zu dieser Zeit noch nicht praktisch umgesetzt werden, da die technologische Infrastruktur fehlte.

Mit der Entwicklung der Blockchain-Technologie, insbesondere durch die Einführung von Ethereum im Jahr 2015, wurde die Idee der Smart Contracts jedoch realisierbar. Ethereum ermöglichte es erstmals, nicht nur digitale Währungen zu speichern, sondern auch programmierbare Verträge auf der Blockchain abzuwickeln. Diese Kombination aus Blockchain und Smart Contracts hat zahlreiche Anwendungen in den Bereichen Finanzen, Immobilien und vielen anderen Sektoren ermöglicht, da sie Vertrauen, Automatisierung und Sicherheit in Geschäftsprozesse einbringt. Heute sind Smart Contracts eine zentrale Komponente vieler Blockchain-Plattformen und treiben die Weiterentwicklung in der dezentralen Finanzwelt (DeFi) und darüber hinaus voran.

2.6.2 Wie genau funktionieren Smart Contracts?

Smart Contracts sind selbstausführende Programme, die auf der Blockchain basieren und spezifische vordefinierte Bedingungen erfüllen. Sie funktionieren nach dem Prinzip „Wenn-Dann-Bedingungen": Sobald eine bestimmte Bedingung oder ein Ereignis eintritt, wird der festgelegte Vertragsinhalt automatisch ausgeführt – ohne dass noch ein menschliches Zutun erforderlich wäre.

Die Smart Contracts führen ihre Aufgaben genau so aus, wie sie von den Entwicklern programmiert wurden. Aufgrund der Automatisierung werden Prozesse schneller und günstiger abgewickelt. Da die Bedingungen und Abläufe eines Smart Contracts von Anfang an festgelegt sind, sorgen sie außerdem für eine hohe Rechtssicherheit und Unvoreingenommenheit, da alle Beteiligten die gleichen Informationen in der Blockchain einsehen können.

Ein einfaches Beispiel wäre ein Mietvertrag: Sobald der Mieter den vereinbarten Betrag zahlt, wird der Zugang zur gemieteten Immobilie automatisch gewährt.

2.6.3 Smart Contracts: Ein wesentlicher Bestandteil der Tokenisierung von Immobilien

Smart Contracts spielen eine zentrale Rolle bei der Tokenisierung von Immobilien, da sie den gesamten Prozess automatisieren und absichern. Durch diese digitalen Verträge können die verschiedenen Schritte bei der Tokenisierung, wie die Übertragung von Eigentumsrechten, Mietzahlungen oder Gewinnausschüttungen, effizient und ohne Mittelsmänner abgewickelt werden. Sobald festgelegte Bedingungen – wie die Zahlung eines bestimmten Betrags – erfüllt sind, führt der Smart Contract die entsprechenden Aktionen automatisch aus, wie die Übertragung von Immobilienanteilen in Form von Token.

Diese Technologie sorgt nicht nur für eine höhere Transparenz und Sicherheit, sondern auch für schnellere und kostengünstigere Transaktionen. Besonders im Immobiliensektor, wo herkömmliche Prozesse oft langwierig und teuer sind, ermöglicht der Einsatz von Smart Contracts eine deutlich effizientere Abwicklung. Für Investoren und Immobilienbesitzer bedeutet dies weniger Bürokratie, geringere Verwaltungskosten und eine verlässliche Einhaltung der Vertragsbedingungen.

2.6.4 Smart Contracts: Auch Risiken müssen im Blick bleiben

Trotz ihrer vielen Vorteile haben Smart Contracts auch einige Nachteile, die nicht übersehen werden sollten. Zunächst sind sie nur so gut wie der Code, auf dem sie basieren. Da sie von Menschen programmiert werden, können Fehler im Code auftreten, die schwerwiegende Folgen haben.

Ein Beispiel dafür sind DeFi-Hacks, bei denen Schwachstellen in Smart Contracts ausgenutzt wurden, wie etwa der Angriff auf das Poly Network im August 2021, bei dem 600,3 Millionen US-Dollar gestohlen wurden.

Zudem besteht ein erhebliches Risiko in Bezug auf die IT-Sicherheit, besonders bei Plattformen wie Ethereum. Viele Smart Contracts auf dieser Blockchain sind von veränderbaren Daten oder anderen Smart Contracts abhängig, was ein Sicherheitsrisiko darstellen kann. Hinzu kommt die unklare rechtliche Lage. Da es sich bei Smart Contracts um neue Technologien handelt, gibt es noch keine klaren gesetzlichen Regelungen. Gerade in Haftungsfragen kann es hier noch zu Unsicherheiten kommen. Ein weiterer Nachteil ist die Unflexibilität der Smart Contracts. Einmal auf der Blockchain gespeichert, lassen sich die Daten nur schwer ändern. Nachträgliche Korrekturen Und Veränderungen sind daher nahezu unmöglich. Schließlich sind Smart Contracts in sich geschlossene Systeme, die Schwierigkeiten haben, externe Daten aus der realen Welt einzubinden. Sie sind auf Drittparteien angewiesen, sogenannte Oracle-Dienste, was weitere Schwachstellen und Manipulationsmöglichkeiten eröffnet.

> **Beispiel: Die Smart Contracts von Etherum**
>
> Ein Smart Contract auf der Ethereum-Blockchain ist ein selbstablaufendes Programm, das meist in der Programmiersprache Solidity geschrieben wird. Wenn der Programmcode fertig ist, wird er als spezielle Transaktion an das Ethereum-Netzwerk geschickt. Dabei gibt es keinen klassischen Empfänger wie bei anderen Transaktionen, sondern der Smart Contract erhält eine eigene Adresse, unter der er gespeichert wird.
>
> Sobald jemand eine Transaktion an diese Adresse sendet, wird der Smart Contract ausgeführt. Das passiert zuerst durch den Miner, der die Transaktion in die Blockchain aufnimmt, und danach von allen anderen Knoten, die die Transaktion überprüfen. Wenn der Smart Contract viel Rechenarbeit erfordert, kann das den gesamten Prozess verlangsamen, weil jede Ausführung auf allen beteiligten Rechnern ablaufen muss.
>
> Ethereum nutzt ein System namens „Gas", um die Ausführung von Smart Contracts zu regulieren. Wer einen Smart Contract startet oder später aufruft, muss eine Gebühr in Gas zahlen. Diese Gebühr soll sicherstellen, dass der Rechenaufwand fair verteilt und gleichzeitig die Miner für ihre Arbeit bezahlt werden.

> Derjenige, der die Transaktion startet, legt fest, wie viel Gas er maximal ausgeben möchte (das sogenannte gasLimit) und den Preis, den er bereit ist, dafür in Ether (der Kryptowährung von Ethereum) zu zahlen. Der Miner, der die Transaktion erfolgreich bearbeitet, erhält dann die festgelegte Gasmenge als Belohnung. Wenn der Smart Contract mehr Ressourcen benötigt als vorgesehen, wird die Ausführung gestoppt, und die bisher aufgewendete Gebühr wird einbehalten.
>
> Dieses Gas-System hilft, den Einsatz von Smart Contracts zu regulieren und verhindert, dass sehr komplexe oder rechenintensive Programme das Netzwerk überlasten.

Quorum als genehmigungsbasierte Version von Etherum

Quorum ist eine spezielle, genehmigungsbasierte Version von Ethereum, die sowohl öffentliche als auch private Smart Contracts unterstützt. Bei privaten Smart Contracts werden die Transaktionen verschlüsselt, sodass nur die Knoten, die über den entsprechenden Entschlüsselungsschlüssel verfügen, diese Transaktionen validieren können. Knoten ohne diesen Schlüssel überspringen die Validierung.

Dies führt dazu, dass verschiedene Knoten unterschiedliche Systemzustände berechnen könnten. Um diese Abweichungen auszugleichen, verwaltet Quorum neben dem öffentlichen Systemzustand, den alle Knoten gemeinsam nutzen, einen zusätzlichen privaten Systemstatus. Jeder Knoten führt seinen eigenen privaten Status, der nur die Smart Contracts enthält, bei deren Validierung er mitwirken konnte. So bleibt der öffentliche Konsens gewahrt, während private Transaktionen vertraulich behandelt werden.

> **Was sind Oracle Dienste?**
>
> Oracle-Dienste sind Schnittstellen, die es Smart Contracts ermöglichen, auf externe Datenquellen zuzugreifen, die nicht direkt in der Blockchain verfügbar sind. Da Blockchains in sich geschlossene Systeme sind, haben Smart Contracts keine eigene Möglichkeit, Informationen aus der realen Welt, wie Wetterdaten, Währungskurse oder Börsenpreise, direkt zu nutzen. Hier kommen Oracles ins Spiel.
>
> Oracles sammeln und überprüfen Daten aus der realen Welt und übertragen sie sicher in die Blockchain, sodass Smart Contracts diese Informationen verwenden können, um Aktionen auszulösen. Zum Beispiel könnte ein

> Smart Contract für eine Wetterversicherung automatisch eine Auszahlung vornehmen, wenn ein Oracle meldet, dass eine bestimmte Wetterbedingung, wie ein Sturm, eingetreten ist.
> Allerdings sind Oracle-Dienste eine Schwachstelle in der Smart-Contract-Architektur. Da sie als externe Quelle fungieren, besteht das Risiko, dass sie manipuliert oder gehackt werden, was die Sicherheit des gesamten Smart Contracts gefährden könnte. Trotzdem spielen Oracles eine entscheidende Rolle, um Smart Contracts in verschiedenen realen Anwendungsbereichen nutzbar zu machen.

2.7 Für welche Arten von Immobilien eignet sich die Tokenisierung?

Das Konzept der Tokenisierung lässt sich im Grunde genommen auf jede Art von Immobilie übertragen. Bei **Wohnimmobilien**, wie Mehrfamilienhäusern oder Eigentumswohnungen, können Investoren auch mit geringeren Beträgen in den Wohnungsmarkt investieren.

Im Bereich der **Gewerbeimmobilien** eröffnet die Tokenisierung neue Möglichkeiten für die Diversifikation von Investitionen. Bürogebäude, Einzelhandelsflächen oder Industrieanlagen haben sehr hohe Einstiegskosten, was sie für sehr viele Anleger unzugänglich macht.

Für **Entwicklungsprojekte**, die sich noch in der Planungs- oder Bauphase befinden, ist die Tokenisierung besonders vorteilhaft. Sie ermöglicht eine frühzeitige Kapitalbeschaffung, wodurch Entwickler notwendige Mittel effizient sammeln können. Investoren, die frühzeitig in solche Projekte einsteigen, haben die Möglichkeit, von künftigen Wertsteigerungen zu profitieren, wenn das Projekt erfolgreich abgeschlossen wird.

Die Tokenisierung ist auch ideal für **Ferienimmobilien**. Investoren können Anteile an begehrten Urlaubsobjekten erwerben. Das bietet entsprechende Renditechancen und zusätzlich die Möglichkeit zur Eigennutzung.

2.8 Anwendungsbeispiele der Tokenisierung im Immobiliensektor

Um die praktischen Vorteile der Tokenisierung besser zu verstehen, schauen wir uns einige Anwendungsbeispiele an, die die transformative Kraft dieser Technologie im Immobiliensektor verdeutlichen.

> **Beispiel 1: Crowdfunding für Immobilienprojekte**
> Ein Start-up könnte ein Projekt zur Entwicklung eines neuen Wohngebäudes initiieren und die Finanzierung durch Tokenisierung sichern. Anstatt sich auf große Investoren zu verlassen, könnte das Unternehmen das Projekt in Token aufteilen, die für jeweils 1.000 Euro verkauft werden. Kleinere Investoren, die an dem Projekt interessiert sind, können nun Anteile erwerben und von den zukünftigen Mieteinnahmen profitieren. Das Ergebnis ist eine breitere Finanzierungsmöglichkeit und ein demokratisierter Zugang zu Immobilieninvestitionen.

> **Beispiel 2: Handel mit tokenisierten Immobilien**
> Stellen Sie sich vor, eine Gewerbeimmobilie wird tokenisiert und in 1.000 Token aufgeteilt. Jeder Token repräsentiert 0,1 % des Eigentums an der Immobilie. Diese Token könnten dann auf einer speziellen Plattform gehandelt werden, ähnlich wie Aktien an der Börse. Ein Investor, der in die Immobilie investiert hat, könnte seine Token jederzeit verkaufen, wenn er Liquidität benötigt, anstatt zu warten, bis die gesamte Immobilie verkauft ist. Dies erhöht die Attraktivität für Investoren, da sie schneller auf Veränderungen in ihrer finanziellen Situation reagieren können.

> **Beispiel 3: Fractional Ownership von Ferienimmobilien**
> Die Tokenisierung kann auch im Bereich der Ferienimmobilien Anwendung finden. Angenommen, eine Gruppe von Freunden möchte gemeinsam ein Ferienhaus kaufen, hat jedoch nicht die finanziellen Mittel, um das gesamte Objekt zu erwerben. Durch die Tokenisierung könnten sie das Haus in 50 Token aufteilen, sodass jeder Freund einen Anteil erwerben kann. Sie könnten die Immobilie gemeinsam nutzen und die damit verbundenen Kosten wie Wartung und Steuern anteilig tragen. Gleichzeitig könnten sie die auch an andere verkaufen, wenn sie nicht mehr an dem Eigentum interessiert sind.

2.8.1 Pionierarbeit bei der Tokenisierung: Elevated Returns und das St. Regis Resort

Im Jahr 2018 machte Elevated Returns, eine Vermögensverwaltungsfirma mit Sitz in New York, Schlagzeilen, indem sie das erste tokenisierte Immobiliengeschäft in der Branche bekanntgab. Dabei handelte es sich um die prestigeträchtige St. Regis Resort in Aspen, Colorado, dessen geschätzter Wert bei 18 Millionen US-Dollar lag. Dieses bahnbrechende Projekt war ein bedeutender Schritt in der Entwicklung der Tokenisierung von Immobilien.

Der Prozess der Tokenisierung
Elevated Returns nutzte die Ethereum-Blockchain, um die Immobilie zu tokenisieren. Ursprünglich war geplant, die St. Regis Resort als einen einzelnen Vermögenswert zu verkaufen. In einem innovativen Schritt entschied sich das Unternehmen jedoch, 18,9 % des Eigentums in Form von digitalen Token anzubieten. Diese Entscheidung öffnete die Möglichkeit für viele kleinere Investoren, an einem exklusiven Immobilienprojekt teilzuhaben, das zuvor nur institutionellen oder vermögenden Anlegern vorbehalten war.

Nutzung der Indiegogo-Plattform
Um den Token-Verkauf zu ermöglichen, ging Elevated Returns eine Partnerschaft mit Templum Markets LLP ein und nutzte die Crowdfunding-Plattform Indiegogo. Diese Zusammenarbeit war entscheidend, um die Tokenisierung der Immobilie zu realisieren. Sie ermöglichte nicht nur eine breitere Reichweite, sondern zog auch ein vielfältiges Spektrum von Anlegern an, die an Bruchteilseigentum interessiert waren. Die Nutzung einer etablierten Plattform wie Indiegogo gab den Investoren Vertrauen und Transparenz in den Prozess, was für den Erfolg des Projekts von großer Bedeutung war.

Vorteile der Tokenisierung bei diesem Projekt
Die Tokenisierung des St. Regis Resort brachte mehrere Vorteile mit sich. Für die Investoren eröffnete sich die Möglichkeit, Anteile an einer hoch-

wertigen Immobilie zu erwerben, ohne die vollständigen Kosten für den Kauf der gesamten Immobilie tragen zu müssen. Dies senkte die Einstiegshürden und machte die Investition in Immobilien für eine breitere Gruppe von Anlegern zugänglich.

Zusätzlich bot die Blockchain-Technologie den Vorteil von Transparenz und Sicherheit. Jede Transaktion wurde in einem fälschungssicheren Register aufgezeichnet, was das Risiko von Betrug oder Manipulationen minimierte. Investoren konnten ihre Beteiligung an der Immobilie jederzeit nachverfolgen und hatten durch die Tokenisierung die Möglichkeit, ihre Anteile bei Bedarf schnell und einfach zu handeln.

> **Ihr Transfer in die Praxis**
>
> - Die Tokenisierung von Immobilien ermöglicht einen schnelleren und flexibleren Handel von Immobilienanteilen
> - Investoren können bereits mit kleinen Beträgen in Immobilien investieren, wodurch der Markt für eine breitere Bevölkerungsschicht zugänglich wird
> - Blockchain-Technologie sorgt für transparente und fälschungssichere Transaktionen, die das Vertrauen der Investoren stärken
> - Der Einsatz von Smart Contracts reduziert Kosten und Bearbeitungszeiten, indem viele Prozesse automatisiert werden
> - Tokenisierte Immobilien können international gehandelt werden, was die Diversifikation und den Zugang zu globalen Märkten fördert

3

Investieren in tokenisierte Immobilien in der Praxis

Inhaltsverzeichnis
3.1 Anleger können an verschiedenen Arten von Immobilien teilhaben 36
    3.1.1 Tokenisierung von Wohnimmobilien 37
    3.1.2 Tokenisierung von Gewerbeimmobilien 37
    3.1.3 Tokenisierung von Prestigeimmobilien 38
3.2 Zugang für Kleinanleger zu tokenisierten Immobilien 39
3.3 Die bekanntesten Plattformen 40
    3.3.1 Brickblock 40
    3.3.2 Property Coin 42
    3.3.3 RealtyBits 44
    3.3.4 RealTor 46
    3.3.5 RealT 48
3.4 Beispielhafter Prozess: So können Sie als Investor Immobilien-Token kaufen 50
    3.4.1 Voraussetzungen für den Kauf von Immobilien-Token 51
    3.4.2 Auswahl der richtigen Plattform 51
    3.4.3 Ein Überblick über den Kaufprozess 52
3.5 Studie zur Tokenisierung von Immobilien 52

3.5.1 Untersuchung der Entwicklungsbedingungen für tokenisierte Immobilien 54
3.5.2 Das Fazit der Studie 54

> **Was Sie aus diesem Kapitel mitnehmen**
> - Einen Überblick über die aktuelle Landschaft der tokenisierten Immobilien
> - Vorstellung der aktuellen Entwicklung und Dynamik im Markt für tokenisierte Immobilien
> - Eine Vorstellung davon, wie die Tokenisierung von Immobilien in der Praxis funktioniert
> - Studienlage über aktuelle Entwicklungen in diesem Bereich

In den letzten Jahren hat die Tokenisierung von Immobilien das Potenzial freigeschaltet, dass viele Anleger, die zuvor aufgrund eines fehlenden Budgets nicht am großen Immobiliengeschäft teilnehmen konnten, jetzt ebenfalls an renditestarken Objekten teilnehmen können. Die Vorteile der Tokenisierung haben wir schon benannt – sie sind zahlreich: Sie senkt die Einstiegshürden, erhöht die Liquidität und fördert die Diversifikation des Portfolios. Indem der Markt für tokenisierte Immobilien für kleinere Anleger geöffnet wird, entsteht eine neue Ära von Investitionsmöglichkeiten, die zuvor nur vermögenden Investoren vorbehalten waren. In diesem Kapitel werfen wir nun einen konkreten Blick darauf, wie das Investieren in tokenisierte Immobilien gelingt.

3.1 Anleger können an verschiedenen Arten von Immobilien teilhaben

Die Tokenisierung von Immobilien eröffnet Kleinanlegern zahlreiche Möglichkeiten, in verschiedene Arten von Immobilien zu investieren. Sie können eine für sich maßgeschneiderte Anlage wählen – vom Wohnhaus über Gewerbeobjekte bis hin zur prestigeträchtigen Immobilie.

3.1.1 Tokenisierung von Wohnimmobilien

Ein bedeutender Bereich der Tokenisierung ist die Tokenisierung von Wohnimmobilien. Dabei handelt es sich um Bruchteileigentum an Wohnobjekten wie Apartments, Einfamilienhäusern oder Eigentumswohnungen. Kleinanleger haben die Möglichkeit, Anteile an diesen Immobilien zu erwerben und so von Mieteinnahmen sowie der potenziellen Wertsteigerung der Immobilien zu profitieren. Diese Form der Investition ermöglicht eine Diversifizierung des Portfolios, da Anleger in mehrere Wohnimmobilien gleichzeitig investieren können, ohne das gesamte Kapital für den Kauf eines einzelnen Objekts aufbringen zu müssen.

Tokenisierung von Wohnimmobilien
Vorteile:
- *Diversifikation*: Kleinanleger können Anteile an verschiedenen Wohnimmobilien erwerben, was das Risiko streut.
- *Stabile Einnahmen*: Wohnimmobilien bieten oft regelmäßige Mieteinnahmen, die eine stabile Rendite bieten können.
- *Wertsteigerung*: Die Möglichkeit, von einer Wertsteigerung der Immobilien zu profitieren, insbesondere in gefragten Lagen.

Nachteile:
- *Marktsättigung*: In einigen Regionen kann ein Überangebot an Wohnimmobilien zu sinkenden Mieten führen.
- *Verwaltungskosten*: Auch wenn die Tokenisierung viele Verwaltungsaufgaben vereinfacht, können dennoch zusätzliche Kosten entstehen.
- *Risiko von Leerstand*: Eine Abhängigkeit von Mietern kann zu Einkommensverlusten führen, wenn eine Immobilie leer steht.

3.1.2 Tokenisierung von Gewerbeimmobilien

Ein weiterer interessanter Bereich ist die Tokenisierung von Gewerbeimmobilien. Hierbei handelt es sich um Investitionen in Bürogebäude,

Einzelhandelsflächen und Industrieobjekte. Diese Immobilienarten bieten oft höhere Mietrenditen als Wohnimmobilien, gehen jedoch auch mit einer erhöhten Volatilität einher. Durch die Tokenisierung können Kleinanleger in bedeutende gewerbliche Projekte investieren, die sie sich sonst gar nicht leisten könnten.

Tokenisierung von Gewerbeimmobilien
Vorteile:
- *Höhere Mietrenditen*: Gewerbeimmobilien bieten oft höhere Mietrenditen im Vergleich zu Wohnimmobilien.
- *Langfristige Mietverträge*: Viele Gewerbeimmobilien haben langfristige Mietverträge, was für stabile Einnahmen sorgt.
- *Wachstumspotenzial*: In wachsenden Wirtschaftsregionen können Gewerbeimmobilien an Wert gewinnen.

Nachteile:
- *Volatilität*: Der Gewerbemarkt kann volatiler sein, was zu unsicheren Einnahmen führen kann.
- *Abhängigkeit von der Wirtschaft*: Gewerbeimmobilien sind stark von wirtschaftlichen Bedingungen und Branchenspezifischen Entwicklungen abhängig.
- *Höhere Leerstandsrisiken*: Bei wirtschaftlichen Rückgängen können Gewerbeimmobilien schneller leer stehen.

3.1.3 Tokenisierung von Prestigeimmobilien

Ein weiteres faszinierendes Segment ist die Tokenisierung von Prestigeimmobilien. Dazu gehören hochklassige, renommierte Immobilien wie Luxushotels, historische Gebäude oder ikonische Wahrzeichen. Durch die Tokenisierung solcher Immobilien erhalten Anleger Zugang zu erstklassigen Werten, die zuvor ausschließlich sehr vermögenden Investoren vorbehalten waren.

Tokenisierung von Prestigeimmobilien
Vorteile:
- *Exklusive Anlagechancen*: Kleinanleger erhalten Zugang zu hochklassigen Immobilien, die normalerweise nur für wohlhabende Investoren verfügbar sind.
- *Hohe Wertstabilität*: Prestigeimmobilien sind oft weniger anfällig für Marktvolatilität und bieten potenziell stabile Wertzuwächse.
- *Markenwert*: Bekannte und renommierte Immobilien können ihre Werte besser halten und bieten eine gewisse Sicherheit für Investoren.

Nachteile:
- *Hohe Einstiegskosten*: Auch bei Tokenisierung können die Anfangsinvestitionen hoch sein, was die Zugänglichkeit einschränkt.
- *Risikofaktor*: Prestigeimmobilien können stark von ihrem Standort abhängen; wirtschaftliche Veränderungen in der Region können sich negativ auswirken.
- *Verwaltungsaufwand*: Der Betrieb und die Instandhaltung von Prestigeimmobilien können komplex und kostspielig sein.

Durch die Tokenisierung wird es möglich, dass sich Anleger nicht speziell für eine Immobilienart entscheiden müssen. Sie können vielmehr Anteile von verschiedenen Immobilienarten kaufen und so ihr Portfolio erheblich diversifizieren.

3.2 Zugang für Kleinanleger zu tokenisierten Immobilien

Kleinanleger können heute auf unterschiedliche Weise an der Tokenisierung von Immobilien partizipieren. Diese neuen Investitionsmöglichkeiten eröffnen ganz neue Perspektiven:

> **Ein Beispiel**
>
> Stellen Sie sich vor, Sie möchten in eine hochwertige Eigentumswohnung investieren, haben jedoch nicht das Kapital, um diese allein zu erwerben. Die Tokenisierung ermöglicht es Ihnen, lediglich Anteile an der Immobilie zu erwerben. Dies wird als Bruchteilseigentum bezeichnet und gibt Ihnen die Möglichkeit, an den Mieteinnahmen und einer potenziellen Wertsteigerung der Immobilie zu teilzunehmen, ohne die gesamte Immobilie kaufen zu müssen.

Viele Plattformen haben sehr niedrige Mindestinvestitionsbeträge. Auf vielen dieser Plattformen ist es möglich, bereits ab 100 bis 1000 € in Immobilienprojekte zu investieren. Diese Erschwinglichkeit senkt die Barriere für den Einstieg erheblich.

3.3 Die bekanntesten Plattformen

Es gibt mittlerweile eine Reihe von Plattformen, die Anlegern den Zugang zu diesem neuen Markt ermöglichen. Damit Sie einen besseren Einblick bekommen, sehen wir uns einige dieser Plattformen genauer an.

3.3.1 Brickblock

Brickblock wurde 2017 in Berlin gegründet und war eine der ersten europäischen Plattformen, die Blockchain-Technologie zur Tokenisierung von Immobilien nutzte. Sie richtet sich an institutionelle sowie private Investoren und ermöglicht Investitionen in tokenisierte Immobilienprojekte weltweit.

Konditionen
Mindestinvestitionsvolumen:
  Bei Brickblock können Sie je nach Projekt mit einer Investition von 1000 bis 10.000 € starten. Diese Flexibilität erlaubt es auch Kleinanlegern, sich an spannenden Immobilienprojekten zu beteiligen, die ansonsten außerhalb ihrer Reichweite liegen würden.

Gebühren:
Wie auf vielen Investmentplattformen fallen auch bei Brickblock Gebühren an. Es gibt eine Transaktionsgebühr für den Kauf von Token sowie eine Verwaltungsgebühr, die von den Mieteinnahmen oder dem Wertzuwachs der Immobilie abgezogen wird. Es ist ratsam, die genauen Gebühren im Vorfeld zu prüfen, da diese Ihre letztliche Rendite beeinflussen können.

Tokenisierung:
Jedes Immobilienprojekt wird in digitale Token aufgeteilt, die einen bestimmten Anteil an der Immobilie repräsentieren. Diese Token können Sie auf der Plattform kaufen und verkaufen, was Ihnen mehr Flexibilität verschafft, als es bei traditionellen Immobilieninvestitionen möglich wäre.

Weitere Informationen zur Plattform
Benutzerfreundlichkeit:
Brickblock legt großen Wert auf eine einfache und intuitive Nutzererfahrung. Die Plattform ist übersichtlich und ermöglicht es Ihnen, ohne technische Hürden durch die verschiedenen Projekte zu navigieren und Ihre Investitionen zu tätigen.

Transparenz:
Einer der größten Vorteile von Brickblock ist die Transparenz, die durch die Verwendung der Blockchain gewährleistet wird. Sie können jederzeit den Status Ihrer Investitionen überprüfen und erhalten regelmäßige Updates zur Performance Ihrer Immobilienbeteiligungen.

Diversifikation:
Die Plattform bietet eine breite Auswahl an Projekten, darunter Wohnimmobilien, Gewerbimmobilien und Neubauprojekte. Diese Diversität ermöglicht es Ihnen, Ihr Portfolio breiter aufzustellen und Risiken zu minimieren.

Sicherheit:
Die Sicherheit der Investitionen und Nutzerdaten hat bei Brickblock höchste Priorität. Die Plattform verwendet fortschrittliche Sicherheitsprotokolle und nutzt die Blockchain-Technologie, um Transaktionen durch sogenannte Smart Contracts automatisiert und sicher abzuwickeln.

Marktanalyse:
Brickblock bietet detaillierte Analysen zu jedem Immobilienprojekt. Sie erhalten Einblicke in Bewertungen, Mietrenditen und mögliche Wertsteigerungen, sodass Sie fundierte Investitionsentscheidungen treffen können.

Regulierung:
Brickblock arbeitet eng mit Regulierungsbehörden zusammen, um sicherzustellen, dass alle Investitionen rechtlich abgesichert sind. Dadurch können Sie beruhigt investieren, in dem Wissen, dass Ihre Investitionen den geltenden Vorschriften entsprechen.

Brickblock ist eine moderne und benutzerfreundliche Plattform, die Ihnen eine einfache Möglichkeit bietet, in Immobilien zu investieren, ohne dass Sie die hohen Einstiegshürden traditioneller Immobilienkäufe überwinden müssen. Mit flexiblen Mindestinvestitionen, einer großen Auswahl an Projekten und einem klaren Fokus auf Sicherheit und Transparenz ist Brickblock eine spannende Lösung für Anleger, die in die Welt der tokenisierten Immobilien eintauchen möchten.

3.3.2 Property Coin

Property Coin wurde 2018 in den USA gegründet und bietet eine innovative Möglichkeit, nicht nur in Immobilienprojekte, sondern auch in das Unternehmen selbst zu investieren. Durch die Tokenisierung von Immobilien eröffnet die Plattform neuen Zugang zu Immobilieninvestitionen, wobei Anleger von den Wertentwicklungen sowohl der Immobilien als auch des Unternehmens profitieren können.

Konditionen
Mindestinvestitionsvolumen:
Bei Property Coin liegt das Mindestinvestitionsvolumen normalerweise bei 1000 €. Dies macht es für viele Anleger möglich, sich an verschiedenen Projekten zu beteiligen, ohne gleich ein ganzes Vermögen investieren zu müssen.

Gebühren:
Property Coin erhebt eine Transaktionsgebühr auf Käufe und Verkäufe von Token, die jedoch im Vergleich zu traditionellen Immobilieninvestitionen recht niedrig ist. Zudem gibt es Verwaltungsgebühren, die aus den Mieteinnahmen abgezogen werden. Es ist wichtig, diese Gebühren im Voraus zu beachten, da sie sich auf Ihre Rendite auswirken können.

Tokenisierung:
Jede Immobilie wird in digitale Token umgewandelt, die Ihnen einen Anteil an der jeweiligen Immobilie geben. Das bedeutet, dass Sie nicht nur passiv investieren, sondern aktiv an der Wertentwicklung der Immobilie teilnehmen.

Weitere Informationen zur Plattform

Benutzerfreundlichkeit:
Property Coin hat eine klare und einfache Benutzeroberfläche, die es Ihnen leicht macht, die verfügbaren Immobilienprojekte zu durchsuchen und Ihre Investitionen zu verwalten. Sie müssen kein Technikprofi sein, um die Plattform nutzen zu können.

Transparenz:
Ein weiterer großer Vorteil von Property Coin ist die Transparenz. Dank der Blockchain-Technologie können Sie jederzeit den Status Ihrer Investitionen einsehen und haben Zugriff auf umfassende Informationen über die Immobilienprojekte, in die Sie investieren.

Diversifikation:
Property Coin bietet Ihnen die Möglichkeit, in unterschiedliche Arten von Immobilien zu investieren – sei es in Wohnimmobilien, Gewerbeimmobilien oder spezielle Projekte. Das ermöglicht es Ihnen, Ihr Portfolio zu diversifizieren und Ihr Risiko zu streuen.

Sicherheit:
Property Coin legt großen Wert auf die Sicherheit Ihrer Daten und Investitionen. Die Plattform nutzt fortschrittliche Sicherheitsmaßnahmen und Smart Contracts, um Ihre Transaktionen zu schützen und sicherzustellen, dass alles reibungslos verläuft.

Regulierung:
Property Coin arbeitet in Übereinstimmung mit den geltenden rechtlichen Rahmenbedingungen, um Ihre Investitionen rechtlich abzusichern.

Marktanalyse:
Auf der Plattform finden Sie umfangreiche Marktanalysen und Informationen über die Immobilienprojekte. Sie erhalten Einblicke in Renditen, Risiken und potenzielle Wertsteigerungen, die Ihnen bei Ihren Entscheidungen helfen.

Zusammengefasst ist Property Coin eine benutzerfreundliche Plattform, die Ihnen eine einfache und transparente Möglichkeit bietet, in tokenisierte Immobilien zu investieren. Mit einem niedrigen Mindestinvestitionsvolumen, einem vielfältigen Angebot an Immobilienprojekten und einem starken Fokus auf Sicherheit und Transparenz stellt Property Coin eine attraktive Option für Anleger dar, die im Immobilienmarkt aktiv werden möchten.

3.3.3 RealtyBits

RealtyBits wurde 2018 ebenfalls in den USA gegründet und konzentriert sich auf die Tokenisierung von Gewerbeimmobilien. Die Plattform richtet sich vorwiegend an institutionelle Anleger und bietet Investitionen in große, internationale Immobilienprojekte. RealtyBits legt großen Wert auf regulatorische Sicherheit und Transparenz und nutzt Blockchain-Technologie zur Vereinfachung des Investitionsprozesses.

Konditionen
Mindestinvestitionsvolumen:
Bei RealtyBits liegt das Mindestinvestitionsvolumen in der Regel bei etwa 1000 US-Dollar.

Gebühren:
Die Plattform erhebt verschiedene Gebühren, darunter eine Plattformgebühr für Transaktionen sowie Verwaltungsgebühren, die von den Mieteinnahmen abgezogen werden. Es empfiehlt sich, diese Gebühren

im Voraus zu berücksichtigen, um die Auswirkungen auf Ihre Rendite besser einschätzen zu können.

Tokenisierung:
RealtyBits ermöglicht es Ihnen, digitale Token zu erwerben, die einen Teil des Eigentums an den jeweiligen Immobilienprojekten repräsentieren. Diese Token können bei Bedarf gehandelt werden, was Ihnen eine gewisse Liquidität bietet.

Weitere Informationen zur Plattform
Benutzerfreundlichkeit:
RealtyBits bietet eine intuitive Benutzeroberfläche, die es Ihnen ermöglicht, verschiedene Immobilienprojekte einfach zu durchsuchen, Informationen abzurufen und Investitionen zu tätigen. Selbst wenn Sie neu in der Welt der Immobilieninvestitionen sind, werden Sie sich schnell zurechtfinden.

Transparenz:
Dank der Blockchain-Technologie ermöglicht RealtyBits eine hohe Transparenz im gesamten Investitionsprozess. Sie können die Performance Ihrer Investitionen in Echtzeit verfolgen und erhalten Zugriff auf detaillierte Informationen zu den einzelnen Immobilienprojekten.

Diversifikation:
Die Plattform bietet eine Vielzahl von Immobilienprojekten an, von Wohnimmobilien bis hin zu Gewerbeimmobilien. Dadurch haben Sie die Möglichkeit, Ihr Portfolio zu diversifizieren und Ihr Risiko besser zu managen.

Sicherheit:
RealtyBits legt großen Wert auf die Sicherheit Ihrer Daten und Investitionen. Mit Hilfe von Smart Contracts werden Transaktionen automatisiert und geschützt, sodass Sie sich keine Sorgen über Sicherheitsrisiken machen müssen.

Regulierung:
RealtyBits agiert in Übereinstimmung mit den geltenden rechtlichen Rahmenbedingungen, was bedeutet, dass Ihre Investitionen rechtlich abgesichert sind. Dies schafft Vertrauen und sorgt für ein sicheres Investitionsumfeld.

Marktanalyse:
Auf der Plattform erhalten Sie wertvolle Informationen und Analysen zu den Immobilienprojekten, in die Sie investieren möchten. Dazu gehören Daten zu Renditen, Risiken und potenziellen Wertsteigerungen, die Ihnen helfen, fundierte Entscheidungen zu treffen.

Zusammengefasst bietet RealtyBits Ihnen eine attraktive Möglichkeit, in tokenisierte Immobilien zu investieren. Mit einem niedrigen Mindestinvestitionsvolumen, einer benutzerfreundlichen Schnittstelle und einem starken Fokus auf Sicherheit und Transparenz ist RealtyBits eine hervorragende Wahl für Anleger, die ihre Investitionen im Immobilienmarkt diversifizieren möchten.

3.3.4 RealTor

ReaLTor ist eine fortschrittliche Plattform, die sich auf die Tokenisierung von Immobilien spezialisiert hat. Sie bietet eine spannende Möglichkeit für Investoren, Anteile an Immobilien zu erwerben. Durch die Nutzung der Blockchain-Technologie ermöglicht ReaLTor, Immobilien in digitale Token zu unterteilen, die dann von Anlegern gekauft und gehandelt werden können.

Konditionen
Mindestinvestitionsvolumen:
Bei ReaLTor ist der Einstieg erschwinglich. Das Mindestinvestitionsvolumen variiert je nach Projekt, beginnt aber oft bei ca. 500 €. Damit eignet sich die Plattform besonders für Kleinstanleger, die mit kleineren Beträgen in den Immobilienmarkt einsteigen möchten.

Gebühren:
Wie bei den meisten Plattformen fallen auch bei ReaLTor Gebühren an. Es gibt eine Transaktionsgebühr beim Kauf und Verkauf von Token, sowie eine Verwaltungsgebühr, die von Mieteinnahmen oder der Wertsteigerung abgezogen wird. Diese Gebühren sind jedoch im Vergleich zu den Kosten traditioneller Immobilieninvestitionen oft niedriger, sodass Investoren von den Kosteneinsparungen profitieren können.

Tokenisierung:
Jede Immobilie auf ReaLTor wird in Token aufgeteilt, die einzelne Anteile an der Immobilie repräsentieren. Diese Token können jederzeit gekauft oder gehandelt werden, was den Markt für Immobilien liquider und flexibler macht als klassische Immobilieninvestitionen.

Weitere Informationen zur Plattform
Benutzerfreundlichkeit: Die Plattform von ReaLTor wurde so gestaltet, dass sie einfach zu bedienen ist. Auch wenn Sie keine Erfahrung mit Immobilien oder der Blockchain-Technologie haben, können Sie leicht durch die verschiedenen Projekte navigieren und Ihre Investitionen verwalten. Die intuitive Oberfläche macht es jedem möglich, am Immobilienmarkt teilzunehmen.

Transparenz:
Dank der Blockchain-Technologie bietet ReaLTor volle Transparenz bei allen Transaktionen. Sie können jederzeit den Status Ihrer Investitionen einsehen und erhalten genaue Informationen über die Immobilien, in die Sie investieren.

Diversifikation:
ReaLTor bietet eine Vielzahl von Immobilienprojekten an, darunter Wohnimmobilien, Gewerbeobjekte und spezielle Projekte.

Sicherheit:
Sicherheit hat bei ReaLTor höchste Priorität. Die Plattform nutzt modernste Sicherheitsprotokolle und die Blockchain-Technologie, um sicherzustellen, dass Ihre Transaktionen und Daten jederzeit geschützt sind. Zudem werden alle Transaktionen über Smart Contracts automatisiert abgewickelt, was das Risiko von Fehlern oder Manipulationen minimiert.

Marktanalyse:
ReaLTor stellt Ihnen umfassende Informationen über die Immobilienprojekte zur Verfügung. Detaillierte Analysen zu Renditen, Risiken und potenziellen Wertsteigerungen helfen Ihnen dabei, fundierte Entscheidungen zu treffen und das Beste aus Ihren Investitionen herauszuholen.

Regulierung:
ReaLTor arbeitet in Übereinstimmung mit den geltenden gesetzlichen Vorschriften und sorgt dafür, dass Ihre Investitionen rechtlich abgesichert sind. Diese enge Zusammenarbeit mit den Aufsichtsbehörden schafft Vertrauen bei den Investoren und sorgt dafür, dass alles den höchsten Standards entspricht.

ReaLTor ist eine leicht zugängliche und moderne Plattform für Investitionen in tokenisierte Immobilien. Mit niedrigen Einstiegshürden, flexiblen Investitionsmöglichkeiten und einer benutzerfreundlichen Oberfläche ermöglicht es ReaLTor sowohl erfahrenen als auch unerfahrenen Investoren, am Immobilienmarkt teilzunehmen.

3.3.5 RealT

RealT ist eine in den USA ansässige Plattform, die es Investoren ermöglicht, in tokenisierte Wohnimmobilien zu investieren. RealT wurde 2019 in Miami, Florida, gegründet und hat sich auf die Tokenisierung von US-Wohnimmobilien spezialisiert. Die Plattform ermöglicht es Investoren weltweit, Anteile an Immobilien zu erwerben und dafür Mieteinnahmen in Kryptowährungen wie Ethereum zu erhalten. RealT richtet sich vor allem an Kleinanleger und bietet eine einfache Möglichkeit, in den US-Immobilienmarkt zu investieren. Einer der Hauptvorteile von RealT ist, dass Investoren in Echtzeit Mieteinnahmen in Form von Kryptowährungen erhalten, was den Investitionsprozess flexibler und transparenter macht.

Konditionen
Mindestinvestitionsvolumen:
Die Einstiegsschwelle bei RealT ist vergleichsweise niedrig. Sie können bereits mit etwa 50 bis 100 US-Dollar investieren, was es für Kleinanleger sehr attraktiv macht. Diese niedrige Einstiegshürde ermöglicht es auch Anlegern mit begrenztem Kapital, in den Immobilienmarkt einzusteigen und vom passiven Einkommen aus Mieteinnahmen zu profitieren.

Gebühren:
RealT erhebt eine geringe Transaktionsgebühr beim Kauf und Verkauf von Token. Diese sind vergleichbar mit denen anderer Plattformen und

im Verhältnis zu den Vorteilen der schnellen und transparenten Abwicklung relativ niedrig. Zudem gibt es Verwaltungsgebühren, die von den Mieteinnahmen abgezogen werden.

Tokenisierung:
Jede Immobilie auf RealT wird tokenisiert, was bedeutet, dass das Eigentum in kleinere, digitale Anteile aufgeteilt wird. Diese Anteile können auf der Ethereum-Blockchain gehandelt werden, wodurch Sie jederzeit Ihre Token kaufen oder verkaufen können. Die Tokenisierung ermöglicht es Ihnen, an der Wertsteigerung und den Mieteinnahmen der Immobilie teilzunehmen, ohne eine physische Immobilie zu besitzen.

Weitere Informationen zur Plattform
Benutzerfreundlichkeit:
Die Plattform von RealT ist benutzerfreundlich gestaltet und ermöglicht es auch weniger technikaffinen Nutzern, problemlos in Immobilien zu investieren. Sie können schnell durch die verfügbaren Immobilienprojekte navigieren und Ihre Investitionen verwalten. Darüber hinaus bietet RealT eine übersichtliche Darstellung Ihrer Token und Einnahmen in Kryptowährungen.

Transparenz:
RealT legt großen Wert auf Transparenz. Als Investor können Sie den Fortschritt Ihrer Investitionen in Echtzeit verfolgen. Alle Transaktionen werden auf der Ethereum-Blockchain registriert, sodass Sie einen klaren Überblick über Ihre Anteile und die aktuellen Mieteinnahmen haben.

Diversifikation:
RealT bietet Ihnen die Möglichkeit, in verschiedene Wohnimmobilien zu investieren, was Ihnen hilft, Ihr Portfolio zu diversifizieren und Risiken zu streuen. Die Plattform konzentriert sich in erster Linie auf Wohnimmobilien in den USA, die stabile Mieteinnahmen bieten und potenziell wertsteigernde Eigenschaften aufweisen.

Sicherheit:
Die Plattform setzt auf die Sicherheit der Blockchain-Technologie. Alle Transaktionen werden über Smart Contracts abgewickelt, die automatisch sicherstellen, dass alles nach den festgelegten Regeln abläuft. Dies minimiert das Risiko von Betrug oder Fehlern und sorgt dafür, dass Ihre Investitionen geschützt sind.

Regulierung:
RealT arbeitet in Übereinstimmung mit den regulatorischen Vorgaben der USA. Die Plattform sorgt dafür, dass alle Tokenisierungsprozesse und Investitionen den rechtlichen Standards entsprechen. Dies gibt den Investoren ein zusätzliches Maß an Vertrauen in die Sicherheit ihrer Investitionen.

Ausschüttung von Mieteinnahmen:
Ein einzigartiges Feature von RealT ist die Auszahlung der Mieteinnahmen. Diese werden täglich in Kryptowährungen wie US-Dollar Tether (USDT) oder Ethereum (ETH) ausgezahlt. Dies bietet den Investoren die Möglichkeit, regelmäßig ein passives Einkommen zu erhalten, was die Plattform besonders attraktiv für Anleger macht, die eine regelmäßige Einkommensquelle suchen.

RealT ist eine der wenigen Plattformen, die es Anlegern ermöglicht, in tokenisierte Wohnimmobilien zu investieren und gleichzeitig von täglichen Mieteinnahmen in Kryptowährungen zu profitieren. Mit niedrigen Einstiegshürden, einer benutzerfreundlichen Plattform und der Sicherheit der Blockchain-Technologie bietet RealT eine interessante Möglichkeit, auch mit kleineren Beträgen in den Immobilienmarkt einzusteigen und ein diversifiziertes Portfolio aufzubauen. Die Kombination aus Blockchain, regelmäßigen Ausschüttungen und stabilen Immobilienwerten macht RealT zu einer attraktiven Option für Kleinanleger und erfahrene Investoren gleichermaßen.

3.4 Beispielhafter Prozess: So können Sie als Investor Immobilien-Token kaufen

An dieser Stelle des Buches lohnt es sich, einen Blick auf den Prozess zu werfen, wie Immobilientoken erworben werden können. Dabei spielen dezentrale Anwendungen, oder DApps, eine entscheidende Rolle. Diese Programme, die auf einer Blockchain laufen, ermöglichen die Erstellung, Verwaltung und den Handel von Token, die Anteile an Immobilien repräsentieren. DApps nutzen Smart Contracts, um die Prozesse zu automatisieren und zu sichern.

3.4.1 Voraussetzungen für den Kauf von Immobilien-Token

Bevor Sie mit dem Kauf von Immobilien-Token beginnen können, müssen Sie einige grundlegende Voraussetzungen erfüllen:

- **Digitale Wallets**: Um Token zu kaufen und zu halten, benötigen Sie eine digitale Wallet. Dies ist eine Art virtueller Geldbeutel, in dem Ihre digitalen Währungen und Token gespeichert werden. Es gibt verschiedene Anbieter von Wallets, die unterschiedliche Funktionen bieten. Ein Beispiel ist Coinbase; eine mobile Wallet, die von Coinbase, einer der größten Krypto-Börsen, angeboten wird. Sie ermöglicht die Speicherung und den Tausch von Krypto-Vermögenswerten. Eine andere Wallet steckt hinter Ledger. Dabei handelt es sich um hardwarebasierte Wallets (z. B. Ledger Nano S und Ledger Nano X), die eine hohe Sicherheit für die Speicherung von Kryptowährungen gewährleisten.
- **KYC-Verfahren (Know Your Customer)**: Um rechtliche Anforderungen zu erfüllen, verlangen die meisten Plattformen ein Identifizierungsverfahren. Hier müssen Sie Ihre Identität nachweisen, indem Sie Dokumente wie einen Personalausweis oder Reisepass vorlegen. Dieses Verfahren dient der Vermeidung von Geldwäsche und illegalen Aktivitäten.
- **Grundwissen über Blockchain und Kryptowährungen**: Es ist hilfreich, sich zumindest grundlegend mit der Funktionsweise von Blockchain-Technologie und Kryptowährungen vertraut zu machen, da diese Technologien die Basis für den Handel mit Immobilien-Token bilden.

3.4.2 Auswahl der richtigen Plattform

Sobald Sie die technischen Voraussetzungen erfüllt haben, wählen Sie eine geeignete Plattform aus, auf der Sie in Immobilien-Token investieren möchten. Einen Überblick über die wichtigsten Plattformen, ihre Vor- und Nachteile finden Sie im vorherigen Kapitel.

3.4.3 Ein Überblick über den Kaufprozess

Der eigentliche Kauf von Immobilien-Token läuft in der Regel über folgende Schritte ab:

- **Registrierung**: Zuerst erstellen Sie ein Konto auf der ausgewählten Plattform. Hierbei müssen Sie, wie bereits erwähnt, den KYC-Prozess durchlaufen und Ihre Identität bestätigen.
- **Einzahlung von Kapital**: Je nach Plattform können Sie entweder mit Kryptowährungen wie Ethereum oder Bitcoin bezahlen oder Sie können traditionelle Zahlungsmethoden wie Banküberweisungen nutzen. Achten Sie darauf, dass die Plattform die Währungen akzeptiert, die Sie nutzen möchten.
- **Auswahl der Immobilie**: Auf der Plattform finden Sie eine Übersicht der tokenisierten Immobilienprojekte. Sie können sich detaillierte Informationen zu den Objekten ansehen, darunter Standort, Mietrenditen und potenzielle Wertsteigerungen. Sobald Sie eine Immobilie gefunden haben, die Ihren Vorstellungen entspricht, können Sie in sie investieren.
- **Kauf von Token**: Nach der Auswahl der Immobilie kaufen Sie die entsprechenden Token. Die Anzahl der Token entspricht dem Anteil an der Immobilie, den Sie besitzen. Je nach Plattform und Projekt gibt es eine Mindestinvestitionssumme.
- **Verwaltung und Handel von Token**: Nachdem Sie die Token gekauft haben, werden diese in Ihrer Wallet gespeichert. Einige Plattformen bieten die Möglichkeit, diese Token an andere Investoren weiterzuverkaufen oder auf speziellen Marktplätzen zu handeln.

3.5 Studie zur Tokenisierung von Immobilien

Es gibt bereits erste Studien rund um den Themenbereich Tokenisierung auf dem Immobilienmarkt. Eine Studie wurde von der Hamburg Commercial Bank (HCOB) und dem Frankfurt School Blockchain Center

(FSBC) im September 2021 veröffentlicht.[1] Sie untersucht die potenziellen Veränderungen, die die Blockchain-Technologie im Immobilienmarkt herbeiführen könnte.

Die im Rahmen der Studie durchgeführte Marktanalyse zeigt eine breite Palette an Ansätzen und Geschäftsmodellen in diesem Bereich. Besonders stark vertreten sind Tokenisierer in den USA, während in Europa Länder wie Deutschland und die Schweiz dominieren. Südamerika und Asien sind aufgrund einer weniger ausgeprägten Veröffentlichungs- und Marktpräsenz schwächer vertreten.

Technologisch führt die Ethereum-Blockchain den Markt an, da sie die Erstellung von Smart Contracts und Tokenisierungsprotokollen ermöglicht. Diese Standards vereinfachen die regulatorische Genehmigung, was insbesondere für Behörden wie die BaFin in Deutschland von Vorteil ist. Trotz hoher Transaktionskosten neigen viele Anbieter dazu, private Blockchains zu nutzen, um diese Kosten zu senken. Andere Blockchain-Technologien wie Stellar und Tezos gewinnen ebenfalls an Bedeutung.

In Bezug auf die Rendite bieten viele Projekte variable Zinszahlungen, wobei die durchschnittlichen Renditeerwartungen bei etwa 7,7 % pro Jahr liegen. Die Angebote sind oft für Investoren riskanter, da sie häufig von weniger etablierten Plattformen stammen. Die Laufzeit der Token hängt vom Projekt ab; Entwicklungsprojekte haben in der Regel eine kürzere Laufzeit von bis zu drei Jahren, während Bestandsimmobilien längere Laufzeiten bis zu 15 Jahren bieten können.

Ein weiterer Vorteil der Tokenisierung ist die Möglichkeit, Token auf Sekundärmärkten zu handeln, was den Anlegern Flexibilität und Liquidität bietet, die bei geschlossenen Immobilienfonds nicht gegeben ist. Die Mindestinvestitionsbeträge variieren stark zwischen den Anbietern, um ein breites Spektrum an Investoren anzusprechen.

---

[1] Hamburg Commercial Bank (Hrsg.), Studie zur Tokenisierung von Immobilien. Wie die Blockchain-Technologie den Immobilienmarkt revolutioniert, September 2021, online unter: https://www.hcob-bank.com/content/uploads/2024/02/studie_tokenisierung_immobilien_2021-1.pdf (Letzter Zugriff: 29.11.2024.).

3.5.1 Untersuchung der Entwicklungsbedingungen für tokenisierte Immobilien

Die Entwicklung von tokenisierten Immobilien steht vor mehreren Herausforderungen, insbesondere dem Fehlen eines klaren regulatorischen Rahmens. Aktuell gibt es keine rechtlichen Grundlagen, die den Token-Emittenten und Vermögensmanagern Rechtssicherheit bieten. Ein gut ausgearbeitetes Gesetz könnte den Aufbau dezentraler Handelsplätze ermöglichen, auf denen Immobilientoken innerhalb der EU gehandelt werden können. Zudem könnte die Digitalisierung der Grundbücher die Verwaltung und Aktualisierung von Immobilieninformationen über Blockchain-Technologie automatisieren.

Ein weiterer Aspekt sind physische Unterstützungen in Form von Sensoren, auch Oracles genannt, die direkt an Immobilien angebracht werden sollten. Diese Sensoren könnten wichtige Informationen zur Instandhaltung, wie Sturmschäden oder Verbrauchsdaten, sammeln. Dadurch könnte eine vollständige Abbildung der Immobilie auf der Blockchain erfolgen, wobei Einnahmen wie Mietzahlungen und Ausgaben automatisch verwaltet werden. Dies würde die Effizienz der Immobilienverwaltung erheblich steigern.

Die vollständige Realisierung dieser Potenziale erfordert also sowohl regulatorische als auch technologische Fortschritte.

3.5.2 Das Fazit der Studie

Der Markt für tokenisierte Immobilien befindet sich – zumindest zum Studienzeitpunkt 2021 – noch in einem frühen Entwicklungsstadium, zeigt jedoch bereits viel Dynamik. In der Analyse wurden weltweit 41 Tokenisierer identifiziert, was auf ein signifikantes Wachstumspotenzial hindeutet. Die Tokenisierung ermöglicht eine kostengünstige Fraktionierung von Immobilienanlagen, einen liquiden Handel und die Automatisierung von Prozessen, was zu erheblichen Effizienzgewinnen führen könnte.

Obwohl es noch Zeit braucht, bis das regulatorische Umfeld ausgereift ist, könnten Entwicklungen in anderen Bereichen, insbesondere die Begeisterung für NFTs, positive Synergien schaffen. Es wird erwartet, dass die Tokenisierung von Immobilien nicht nur eine vorübergehende Erscheinung ist, sondern den Immobilienmarkt nachhaltig transformieren wird, indem sie Privatanlegern den Zugang zu Immobilieninvestitionen erleichtert.

Die Grundlagen für diese Entwicklungen sind gelegt, wobei die Schaffung von Rechtssicherheit von zentraler Bedeutung ist. Wenn dieser Prozess voranschreitet, eröffnen sich in naher Zukunft hohe Chancen für Investoren. Die Kombination bewährter Immobilienanlagen mit den Vorteilen der Blockchain-Technologie könnte eine gesamte Branche revolutionieren.

> **Ihr Transfer in die Praxis**
> - Tokenisierte Immobilien sind ein aufstrebender Markt mit erheblichem Wachstumspotenzial.
> - Die Ethereum-Blockchain ist die führende Technologie für die Tokenisierung.
> - Ein ausgereiftes rechtliches Umfeld ist entscheidend für den Erfolg von tokenisierten Immobilien.
> - Automatisierung und Fraktionierung durch Blockchain-Technologie können Kosten senken und Liquidität erhöhen.

4
Rechte und Sicherheit als Investor

Inhaltsverzeichnis
4.1 Das sind die Rechte eines Token-Eigentümers 58
    4.1.1 Eigentumsrechte 58
    4.1.2 Ertragsrechte 59
    4.1.3 Mitspracherecht 59
    4.1.4 Veräußerungsrechte 59
4.2 Diese Sicherheiten bekommen Investoren mit dem Token-Kauf 60
4.3 Wie gestaltet sich die rechtliche Situation? 60
    4.3.1 Die rechtliche Verknüpfung von Token und Eigentum 61
    4.3.2 Auseinanderfallen von Token und Eigentum 61
    4.3.3 Die besondere Rolle der Security-Token aus rechtlicher Sicht 62
    4.3.4 Gelten Immobilien-Token rechtlich als Wertpapiere? 64
4.4 Das sind die Pflichten von Token-Eigentümern 66
    4.4.1 Regulatorische Verpflichtungen 66
    4.4.2 Steuerliche Pflichten in Deutschland 67
    4.4.3 Informationspflichten 68
4.5 So funktioniert die Durchsetzung der Rechte bei Immobilien-Token 69

> **Was Sie aus diesem Kapitel mitnehmen**
> - wie Token Eigentumsrechte an Vermögenswerten repräsentieren und welche Rechte Investoren auf Nutzungen oder Erträge aus diesen Vermögenswerten haben
> - welche Ansprüche auf Dividenden oder Ausschüttungen mit bestimmten Security-Token verbunden sind
> - welche Sicherheiten Investoren im Rahmen von Token-Angeboten erwarten können
> - welche rechtlichen Schritte Investoren im Falle von Falschinformationen oder Verstößen gegen gesetzliche Anforderungen einleiten können

Für Investoren eröffnet sich durch den Erwerb von Immobilien-Token eine neue Art des Zugangs zu Immobilieninvestitionen, die mit besonderen Rechten und Pflichten verbunden ist. Dabei gelten ähnliche Prinzipien wie bei herkömmlichen Investitionen, jedoch angepasst an die Besonderheiten der Tokenisierung. In diesem Kapitel werden die Rechte und Pflichten der Investoren in tokenisierten Immobilien detailliert beleuchtet, um ein besseres Verständnis für die Verantwortlichkeiten und Chancen zu schaffen, die diese Form des Investments bietet.

4.1 Das sind die Rechte eines Token-Eigentümers

Durch den Erwerb von Immobilien-Token bekommt ein Investor wie bei jeder Investition Rechte, die sich in gewisser Hinsicht von traditionellen Immobilieninvestitionen unterscheiden. Diese Rechte bieten den Token-Eigentümern nicht nur einen finanziellen Zugang zu den Immobilien, sondern definieren auch deren Einfluss und Möglichkeiten im Markt.

4.1.1 Eigentumsrechte

Der Besitz eines Immobilien-Token gibt dem Investor das Recht auf einen Bruchteil des Eigentums an einer Immobilie. Diese Token stellen im Wesentlichen digitales Bruchteileigentum dar, das im Vergleich zu traditionellen Immobilienfonds flexibler gehandelt werden kann. Der Eigentümer eines Tokens besitzt jedoch nicht die physische Immobilie selbst, sondern lediglich den jeweiligen Anteil an dieser, der auf der Blockchain dokumentiert wird. Dieser Anteil repräsentiert entweder Eigenkapital oder Schuldtitel, abhängig von der Struktur des Tokens.

4.1.2 Ertragsrechte

Investoren haben das Recht auf die finanziellen Erträge, die mit der Immobilie erwirtschaftet werden. Dies kann entweder in Form von Mieteinnahmen oder Gewinnen aus der Wertsteigerung der Immobilie erfolgen. Diese Erträge werden gemäß den Anteilen der Investoren automatisch durch Smart Contracts auf der Blockchain verteilt. Allerdings sind die Ertragsrechte auch an die finanzielle Situation der Immobilie gebunden; gibt es Mietausfälle oder unvorhergesehene Kosten, kann dies die erwarteten Erträge schmälern.

4.1.3 Mitspracherecht

Im Gegensatz zu herkömmlichen Immobilieninvestitionen bieten die meisten tokenisierten Immobilien keine weitreichenden Mitspracherechte. Bei vielen Modellen sind die Investoren passive Anteilseigner, die zwar an den finanziellen Erträgen beteiligt sind, aber keinen Einfluss auf wichtige Entscheidungen über die Verwaltung oder den Verkauf der Immobilie haben.

4.1.4 Veräußerungsrechte

Ein wichtiger Vorteil von Immobilien-Token ist die Möglichkeit, diese auf Sekundärmärkten zu handeln. Das bietet dem Investor eine wesentlich höhere Liquidität als bei klassischen Immobilieninvestitionen, wo der Verkauf einer Immobilie oft zeitaufwendig und kompliziert ist. Token können unter Berücksichtigung der Marktnachfrage relativ schnell und einfach an andere Investoren veräußert werden, was die Investition insgesamt wesentlich flexibler macht.

4.2 Diese Sicherheiten bekommen Investoren mit dem Token-Kauf

Beim Kauf von Immobilien-Token erhalten Investoren verschiedene Sicherheiten.

- **Rechtsanspruch auf Vermögenswerte**: Token-Eigentümer haben in der Regel einen Anspruch auf den zugrunde liegenden Immobilienwert. Dies kann als Teil des vertraglichen Rahmens gesichert sein, der die Token-Emission begleitet.
- **Ertragsrechte**: Investoren haben Anspruch auf Einkünfte aus der Immobilie, wie Mietzahlungen oder Verkaufsgewinne. Diese Ansprüche sind in der Regel vertraglich festgelegt und sollten transparent kommuniziert werden.
- **Transparente Dokumentation**: Sicherheut entsteht für die Investoren auch durch die Informationspflichten, denen die Plattformen unterliegen. Sie bekommen alle wichtigen Daten über das Projekt, einschließlich der Finanzierungsstrukturen, rechtlicher Rahmenbedingungen und Renditeprognosen. Diese Transparenz dient als Sicherheit für die Investoren.
- **Sekundärmarktoptionen**: Die Möglichkeit, Token auf Sekundärmärkten zu handeln, ist eine Sicherheit für die Liquidität der Investoren.

4.3 Wie gestaltet sich die rechtliche Situation?

Da der Markt noch relativ neu ist, gibt es noch keine wirklich ausreichenden rechtlichen Regularien. In Deutschland sind die rechtlichen Rahmenbedingungen noch in ihrer Entstehungsphase. Token können als Wertpapiere eingestuft werden, wenn sie bestimmte Eigenschaften erfüllen, wie die Übertragbarkeit und Handelbarkeit auf Finanzmärkten. Die Bundesanstalt für Finanzdienstleistungsaufsicht (BaFin) hat klargestellt, dass Token, die Rechte an Immobilien verbriefen, unter das Wertpapierprospektgesetz (WpPG) fallen können, was eine Prospektpflicht zur Folge haben kann. Diese Einstufung bedeutet, dass die Emittenten von Token verpflichtet sind, einen Verkaufsprospekt zu erstellen, der umfassende Informationen über das Investment enthält, einschließlich aller Risiken, Chancen und Details zu den Rechten der Investoren. Der Prospekt muss der BaFin zur Abnahme vorgelegt werden, damit Investoren fundierte Entscheidungen treffen können.

Immobilien-Token, die nicht als handelbare Wertpapiere gelten, können unter das Vermögensanlagegesetz fallen. Dieses Gesetz besagt, dass Investoren über die Risiken und Chancen der Anlagen informiert werden und schützt sie vor möglichen Verlusten. Lassen Sie uns aber einen konkreten Blick auf die rechtliche Situation in Bezug auf den Besitz von Immobilien-Token werfen.

4.3.1 Die rechtliche Verknüpfung von Token und Eigentum

Durch die Verwendung von NFTs können individuelle Eigenschaften von Vermögenswerten abgebildet werden. Eine Immobilie oder ein Kunstwerk können beispielsweise durch einen einzigartigen NFT tokenisiert werden, der die Eigentumsrechte klar definiert. Diese digitale Dokumentation erleichtert nicht nur den Handel, sondern erhöht auch die Rechtssicherheit, da jeder Token-Inhaber im Netzwerk nachweisen kann, dass er rechtmäßiger Eigentümer ist. Im digitalen Raum schaffen NFTs einen klaren, einzigartigen Eigentumsnachweis. Der Nachweis, dass der Token-Inhaber auch der rechtmäßige Eigentümer ist, wird durch die Blockchain-Transaktionen unterstützt und somit der Verkehrsschutz gestärkt.

4.3.2 Auseinanderfallen von Token und Eigentum

Trotz der Vorteile der Tokenisierung gibt es erhebliche Herausforderungen im Hinblick auf die rechtliche Verknüpfung von Token und Eigentum. Im deutschen Recht ist der Token selbst kein körperlicher Gegenstand und fällt somit nicht unter die bestehenden Regelungen des Sachenrechts, die für die Übertragung von Eigentum an physischen Objekten gelten. Dies führt dazu, dass die Übertragung von Token und die Übertragung von Eigentum nicht identisch sind.

Während die Übertragung von Eigentum an einem physischen Objekt strengen rechtlichen Anforderungen folgt, ist die Übertragung eines Token eine rein tatsächliche Handlung ohne entsprechende rechtliche Rahmenbedingungen. Der Verkäufer kann den Token auf die Wallet-Adresse des Käufers übertragen, jedoch bleibt unklar, wie diese Übertragung in Bezug auf die tatsächlichen Eigentumsrechte funktioniert. Das bedeutet, dass es theoretisch möglich ist, dass jemand einen Token erwirbt, ohne tatsächlich das Eigentum an dem physischen Objekt zu besitzen, auf das der Token verweist.

Diese Trennung von Token und Eigentum wirft rechtliche Fragen auf, insbesondere im Hinblick auf Haftung, Schadensersatz und die Durchsetzbarkeit von Rechten. Der Gesetzgeber muss hier aktiv werden, um eine klare rechtliche Grundlage zu schaffen, die die Rechte und Pflichten der Token-Inhaber regelt und das Vertrauen in die Tokenisierung von Vermögenswerten stärkt.

4.3.3 Die besondere Rolle der Security-Token aus rechtlicher Sicht

In diesem Zusammenhang lohnt es sich, noch einmal einen Blick auf die sogenannten Security-Token zu werfen. Zur Erinnerung: Security-Token sind digitale Wertpapiere, die einen direkten Bezug zu physischen oder finanziellen Vermögenswerten haben. Sie ermöglichen ihren Inhabern, an der Wertentwicklung eines Unternehmens zu partizipieren, indem sie Rechte am Eigen- oder Fremdkapital vermitteln. Diese Rechte sind vergleichbar mit denen von Aktionären oder Inhabern von Schuldtiteln, wie etwa Ansprüche auf Dividenden, Mitbestimmungsrechte oder Rückzahlungsansprüche.

Regulatorische Rahmenbedingungen
Ein herausragendes Merkmal von Security-Token ist die strenge regulatorische Aufsicht, unter der sie stehen. Aufgrund der damit verbundenen

Herausforderungen ist das Risiko von betrügerischen Anlagen in diesem Bereich deutlich geringer. Security-Token gelten nach der EU-Richtlinie MiFID II als Wertpapiere und sind somit an die spezifischen Vorschriften für diese Instrumente gebunden. Auf europäischer Ebene werden sie auch durch das DLT-Pilotregime erfasst, welches spezielle Regelungen für DLT-Finanzinstrumente wie Aktien, Anleihen und Fondsanteile vorsieht.

Eigenschaften von Security-Token
Security-Token bieten mehrere Vorteile:

- **Regulierung und Sicherheit**: Da sie als Wertpapiere klassifiziert sind, müssen sie strengen gesetzlichen Vorgaben genügen. Das Risiko von Betrug ist dadurch deutlich geringer.
- **Fraktionalisierung**: Security-Token ermöglichen es, illiquide Vermögenswerte, die bisher keinen Sekundärmarkt hatten, in handelbare Bruchstücke zu zerlegen. Dies ist vor allem bei Investitionen in Immobilien, Infrastrukturprojekte oder Sammlerstücke wie Kunstwerke von großer Bedeutung.
- **Diversifizierung**: Anleger können durch den Erwerb von Security-Token in verschiedene Arten von Vermögenswerten investieren, wodurch sie ihr Portfolio diversifizieren können.

Arten von Security-Token
Security-Token lassen sich in zwei Hauptkategorien unterteilen:

1. **Rechte an liquiden Vermögenswerten**: Diese Token repräsentieren Anteile an klassischen Wertpapieren wie Aktien oder festverzinslichen Schuldverschreibungen. Sie bieten den Inhabern die Möglichkeit, an den Erträgen des zugrunde liegenden Vermögenswerts teilzuhaben.
2. **Rechte an illiquiden Vermögenswerten**: Diese Token ermöglichen es, Anteile an Vermögenswerten zu erwerben, die traditionell schwer handelbar sind, wie Immobilien oder alternative Investmentfonds (z. B. Private-Equity-Fonds).

Security-Token stellen eine vielversprechende Entwicklung in der Welt der digitalen Vermögenswerte dar, da sie die Brücke zwischen traditioneller Finanzwelt und modernen Technologien schlagen. Die regulatorische Einordnung als Wertpapier schützt die Anleger und fördert ein vertrauensvolles Investitionsumfeld. Durch die Möglichkeit der Fraktionalisierung eröffnen Security-Token neue Chancen für die breite Masse von Investoren, insbesondere in Märkten, die zuvor als illiquide galten.

4.3.4 Gelten Immobilien-Token rechtlich als Wertpapiere?

Ob Kryptowährungen oder speziell Immobilien-Token rechtlich als Wertpapiere gelten, dazu gab es schon einige Rechtsstreitigkeiten und Urteile, deren Ergebnisse immer sehr stark vom Einzelfall abhingen. Vom BaFin gibt es dazu eine Stellungnahme, die sich speziell auf die Security-Token bezieht.[1]

Security-Token können je nach ihrer Struktur und Gestaltung als Wertpapiere gelten, die unter die EU-Prospektverordnung (EU) 2017/1129 und die zweite Finanzmarktrichtlinie MiFID II (2014/65/EU) fallen. Sie müssen dafür bestimmte Kriterien erfüllen, die sie als übertragbar und handelbar kennzeichnen und ihnen wertpapierähnliche Rechte verleihen.

Wichtige Kriterien
1. **Übertragbarkeit und Handelbarkeit**: Um als Wertpapier klassifiziert zu werden, müssen Security-Token leicht zwischen Parteien übertragen werden können und eine Handelsmöglichkeit bieten.
2. **Wertpapierähnliche Rechte**: Die Rechte, die mit einem Security-Token verbunden sind, müssen die typischen Merkmale von Wertpapieren aufweisen, z. B. Anrechte auf Erträge oder Mitspracherechte in einem Unternehmen.
3. **Regulatorische Rahmenbedingungen**: Die Einordnung durch die BaFin (Bundesanstalt für Finanzdienstleistungsaufsicht) bezieht sich nicht nur auf die gesetzlichen Bestimmungen des Kreditwesengesetzes

---

[1] Bafin, Kryptotoken, 1. September 2022, online unter: https://www.bafin.de/DE/Aufsicht/FinTech/Geschaeftsmodelle/DLT_Blockchain_Krypto/Kryptotoken/Kryptotoken_node.html (letzter Zugriff: 29.11.2024).

(KWG). Ein Token kann beispielsweise als Finanzinstrument im Sinne des KWG eingestuft werden, ohne dass es gleichzeitig die Kriterien für ein Wertpapier gemäß der Prospektverordnung oder dem Wertpapierprospektgesetz (WpPG) erfüllt.

Abgrenzung von Finanzinstrumenten
- **Nicht alle Token sind automatisch Wertpapiere**: Während bestimmte Token als Finanzinstrumente im Sinne des KWG gelten können, bedeutet das nicht, dass sie auch den gleichen Status unter der Prospektverordnung genießen.
- **Kriterien der BaFin**: Die BaFin hat bereits umfassende Hinweise zu den Kriterien veröffentlicht, die zur Einstufung von Token als Wertpapiere herangezogen werden. Wichtige Aspekte sind dabei die Struktur des Tokens, die damit verbundenen Rechte und die geplante Nutzung im Finanzmarkt.

Die klare Abgrenzung und Einordnung von Security-Token ist entscheidend für Investoren und Anbieter in der Blockchain- und Finanztechnologiebranche. Sie bestimmt, welche regulatorischen Anforderungen erfüllt werden müssen und hat unmittelbare Auswirkungen auf die Handelbarkeit und Vermarktung von Token.

Für detailliertere Informationen und spezifische Kriterien zur Einstufung von Security-Token können Sie die BaFin-Website[2] besuchen, die weitere Leitlinien und Erläuterungen bereitstellt.

Gerichtsurteile in der Frage: Gelten Token als Wertpapiere?
In einem Verfahren vor dem Landgericht Berlin[3] ging es um ein Security-Token Offering (STO) der Envion AG, das ähnlich einer Anleihe ausgestaltet war. Ein Großinvestor klagte auf Schadensersatz, da das Mining-Projekt wegen interner Streitigkeiten scheiterte und es Verdacht auf falsche Angaben im Prospekt gab. Das Projekt sollte umweltfreundliches Mining fördern, scheiterte jedoch trotz

---

[2] https://www.bafin.de/ (letzter Zugriff: 29.11.2024).
[3] TaylorWessing, Token als Wertpapiere?, 19.Oktober 2020, online unter: https://www.taylorwessing.com/de/insights-and-events/insights/2020/10/token-als-wertpapiere (letzter Zugriff: 29.11.2024).

erfolgreicher Kapitalbeschaffung. Der Prospekt wurde nach Schweizer Recht erstellt, aber kein öffentliches Angebot in Deutschland gemacht.

In dem Urteil des Landgerichts Berlin vom 2. März 2020 entschied das Gericht, dass Token keine Wertpapiere im Sinne des Wertpapierprospektgesetzes (WpPG) sind, da sie nicht verbrieft sind. Das Gericht widersprach der Verwaltungspraxis der BaFin, die Token unter bestimmten Bedingungen als Wertpapiere ansieht. Entscheidend für das Gericht war die fehlende physische Verbriefung, was Token nach deutschem Recht von der Wertpapiereigenschaft ausschließt. Allerdings folgt diese Entscheidung nicht der europäischen Praxis, die auf Verbriefung verzichtet.

4.4 Das sind die Pflichten von Token-Eigentümern

Wer Investments in Immobilien-Token tätigt, ist nicht nur an bestimmte Rechte, sondern auch an Pflichten gebunden. Darin unterscheidet sich der Kauf von Token nur sehr geringfügig. Die vorhandenen Unterschiede sind vor allem auf die digitale Natur von Token sowie die damit verbundenen regulatorischen und finanziellen Rahmenbedingungen zurückzuführen.

4.4.1 Regulatorische Verpflichtungen

Die regulatorischen Anforderungen für Token-Besitzer sind in der Regel weniger umfangreich als für Eigentümer physischer Immobilien. In vielen Fällen müssen Token-Besitzer beispielsweise keine speziellen Auflagen zur Instandhaltung oder Sicherheit des Eigentums erfüllen, da die Token selbst als digitale Vermögenswerte angesehen werden. Die BaFin hat klargestellt, dass Token, die Immobilien verbriefen, unter das Wertpapierprospektgesetz fallen können, was zusätzliche Anforderungen an die Anbieter stellt, jedoch nicht unbedingt an die Token-Besitzer selbst.

Physische Immobilienbesitzer sind dagegen an zahlreiche lokale und nationale Vorschriften gebunden, die die Instandhaltung und Sicherheit der Immobilien sowie die Rechte der Mieter regeln. Eine der zentralen Pflichten besteht darin, die Immobilien in einem sicheren und bewohnbaren Zustand zu halten, was regelmäßige Inspektionen und notwendige Reparaturen erforderlich macht. Brandschutzbestimmungen sind ebenfalls von großer Bedeutung: Eigentümer müssen sicherstellen, dass geeignete Brandschutzmaßnahmen wie funktionierende Rauchmelder und Feuerlöscher vorhanden sind. Darüber hinaus müssen beim Bau und der Renovierung von Immobilien spezifische Bauauflagen beachtet werden, die sowohl strukturelle Integrität als auch Sicherheitsvorkehrungen betreffen. Mieterschutzgesetze schützen die Rechte der Mieter und regeln unter anderem die Höhe der Mieten, Kündigungsfristen sowie die Bedingungen für die Beendigung von Mietverhältnissen. In diesem rechtlichen Rahmen müssen Immobilienbesitzer gewährleisten, dass sie alle erforderlichen Vorschriften einhalten, um rechtliche Konsequenzen zu vermeiden und die Qualität des Wohnraums für ihre Mieter zu gewährleisten. Für Besitzer von Immobilien-Token gelten diese regulatorischen Anforderungen in aller Regel nicht.

4.4.2 Steuerliche Pflichten in Deutschland

In Deutschland unterliegen Token-Besitzer natürlich auch steuerlichen Verpflichtungen, die sich primär auf die Besteuerung von Erträgen und Kapitalgewinnen aus dem Verkauf von Token konzentrieren. Die steuerlichen Aspekte von Token-Investitionen sind oft weniger komplex im Vergleich zu physischen Immobilien. Der Verkaufsprozess von Token erfolgt digital, wodurch sich der Verwaltungsaufwand reduziert. Dennoch sind Token-Besitzer verpflichtet, die erzielten Gewinne in ihrer Einkommensteuererklärung anzugeben. Das bedeutet, dass Gewinne aus der Veräußerung von Token, die innerhalb eines Jahres nach dem Kauf realisiert werden, als Spekulationsgewinne behandelt werden und entsprechend versteuert werden müssen.

Im Gegensatz dazu stehen physische Immobilienbesitzer in Deutschland vor einem deutlich komplexeren steuerlichen Rahmen. Sie sind verpflichtet, Einkommensteuer auf Mieteinnahmen zu zahlen, die sie aus ihren vermieteten Immobilien generieren. Zusätzlich müssen sie beim Verkauf der Immobilie Kapitalertragsteuer entrichten, die auf den Gewinn aus dem Verkauf angewandt wird. Darüber hinaus können Immobilienbesitzer auch für Grundsteuern verantwortlich sein, die je nach Gemeinde variieren. Diese Steuern werden auf den Wert der Immobilie erhoben und müssen regelmäßig gezahlt werden.

Die steuerlichen Pflichten für physische Immobilien können also einen erheblichen administrativen Aufwand mit sich bringen, da die Eigentümer häufig umfangreiche Buchhaltungs- und Dokumentationsanforderungen erfüllen müssen. Zudem sind Immobilienbesitzer auch an spezifische steuerliche Regelungen gebunden, die sich auf Instandhaltungsaufwendungen und Abschreibungen beziehen, was die steuerliche Planung weiter verkompliziert.

Diese Unterschiede in den steuerlichen Verpflichtungen zwischen Token-Besitzern und physischen Immobilienbesitzern verdeutlichen die potenziellen Vorteile der Tokenisierung, insbesondere in Bezug auf die Einfachheit und den geringeren Verwaltungsaufwand.

4.4.3 Informationspflichten

Die Informationspflichten von Token-Besitzern in Deutschland sind im Vergleich zu physischen Immobilienbesitzern oft etwas geringer. Während Token-Besitzer in bestimmten Situationen relevante Finanzdaten offenlegen müssen, beispielsweise bei der Beteiligung an bestimmten Token-Plattformen oder im Rahmen von Sicherheitsprüfungen, sind die Anforderungen im Allgemeinen nicht so streng. Die genauen Verpflichtungen können jedoch stark variieren, abhängig vom spezifischen Markt und der Token-Plattform, über die der Token gehandelt wird. Einige Plattformen verlangen detailliertere Angaben als andere. Gerade für neue Investoren, die bislang noch keine intensive Erfahrung mit der Tokenisierung gemacht haben, ist der Einstieg durch die geringer ausfallenden Verwaltungs- und Dokumentationspflichten etwas einfacher.

Im Gegensatz dazu sind physische Immobilienbesitzer in Deutschland an strengere Informationspflichten gebunden. Sie müssen umfangreiche Informationen bereitstellen, insbesondere im Rahmen von Transaktionen, die die Immobilie betreffen, sowie bei der Einhaltung von Mietverträgen und den rechtlichen Anforderungen an die Mieter. Zu diesen Anforderungen kann auch die Offenlegung finanzieller Details gegenüber Banken, Aufsichtsbehörden und anderen Institutionen gehören. Zum Beispiel müssen Immobilienbesitzer bei der Beantragung von Hypotheken oder Krediten Nachweise über ihre Einnahmen, Ausgaben und den Wert der Immobilie liefern. Durch diese teils sehr aufwändigen Dokumentationsanforderungen können die Flexibilität und die Geschwindigkeit von Transaktionen bei physischen Immobilien sehr stark eingeschränkt sein.

Auch in dieser Hinsicht haben Token-Besitzer potenzielle Vorteile. Sie haben es leichter, in Immobilien zu investieren, ohne die strengen rechtlichen und finanziellen Offenlegungspflichten, die mit dem physischen Immobilienbesitz verbunden sind.

4.5 So funktioniert die Durchsetzung der Rechte bei Immobilien-Token

Wie jedes andere Geschäft auch, muss es Regularien für die Durchsetzung von Rechten und Rechtsansprüchen für Token-Besitzer geben. Dies erfolgt zum Beispiel durch moderne Technologien wie Smart Contracts, aber auch durch traditionelle rechtliche Mittel. Smart Contracts, die auf der Blockchain-Technologie basieren, ermöglichen die automatisierte Durchsetzung von Rechten. Diese Verträge sind selbstausführend und enthalten die Bedingungen für die Transaktionen direkt im Code. So wird die Einhaltung von Rechten automatisch überwacht und durchgesetzt.

> **Beispiel 1: Automatisierte Mietzahlungen über Smart Contracts**
>
> Ein Investor besitzt Token für eine vermietete Immobilie. Ein Smart Contract ist so programmiert, dass er automatisch die Miete an die Token-Inhaber verteilt, sobald die Mietzahlung vom Mieter erfolgt. Sollte der Mieter die Zahlung nicht fristgerecht leisten, kann der Smart Contract automatisch bestimmte Maßnahmen ergreifen, z. B. die Miete in einem vertraglich festgelegten Zeitraum nachzuholen oder rechtliche Schritte einzuleiten.
>
> Jedoch sind Smart Contracts noch nicht immer eine ideale Lösung, insbesondere dann, wenn es zu komplizierten Streitigkeiten oder der Insolvenz des Emittenten kommt. In solchen Fällen ist es wichtig, traditionelle

rechtliche Mittel zur Verfügung zu haben, wie beispielsweise die Möglichkeit, vor Gericht zu gehen, um Ansprüche geltend zu machen oder eine Klage gegen den Emittenten einzureichen. Der rechtliche Rahmen in Deutschland bleibt entscheidend für die Absicherung der Rechte der Token-Inhaber.

Beispiel 2: Streitbeilegung durch traditionelle rechtliche Mittel

Nehmen wir an, ein Token-Inhaber möchte seine Rechte in Bezug auf eine Immobilie geltend machen, weil er der Meinung ist, dass der Emittent der Token gegen die Vertragsbedingungen verstoßen hat. In diesem Fall könnte der Investor zunächst versuchen, die Angelegenheit über einen Smart Contract zu lösen. Wenn dies nicht möglich ist, kann er sich an das Gericht wenden und eine Klage einreichen. Die deutsche Rechtsordnung bietet die Möglichkeit, Ansprüche durch das Bürgerliche Gesetzbuch (BGB) geltend zu machen. Er ist in diesem Fall genauso abgesichert wie der Besitzer einer physischen Immobilie.

Ihr Transfer in die Praxis

- Immobilien-Token sind mit anderen Rechten und Pflichten verbunden als physischer Besitz
- Security-Token spielen eine besondere Rolle bei der Tokenisierung von Immobilien
- Rechtlich ist noch nicht abschließend geklärt, wie Immobilien-Token zu handeln sind
- Bei der Durchsetzung von Rechten können Sie sowohl auf Smart Contracts als auch den herkömmlichen Rechtsweg zurückgreifen

5

Das sind die Risiken bei Tokenisierungs-Geschäften mit Immobilien

Inhaltsverzeichnis

5.1 Wie ist ein Immobilien-Token abgesichert? ... 72
5.2 Welche Versicherungen gibt es für tokenisierte Immobilien? ... 73
5.3 Physische Immobilien vs. Tokenisierte Immobilien: Die Risiken im Vergleich ... 75
    5.3.1 Token sind immer technologischen Risiken unterlegen ... 75
    5.3.2 Was passiert, wenn der Investor seinen Zugriff auf die Wallet verliert? ... 77
    5.3.3 Wie sicher sind Smart Contracts? ... 79
5.4 Regulatorische Unsicherheit bei tokenisierten Immobilien ... 80
    5.4.1 Liquiditätsrisiko bei tokenisierten Immobilien ... 81
5.5 Wie bewertet das BSI die Sicherheit der Blockchain? ... 82
    5.5.1 Integrität der Daten – Die Unveränderlichkeit als Kernversprechen ... 82
    5.5.2 Verfügbarkeit – Ein System, das kaum ausfällt ... 83
    5.5.3 Vertraulichkeit – Die größte Herausforderung ... 83
    5.5.4 Authentizität – Sicher durch digitale Signaturen ... 84
    5.5.5 Anonymität und Pseudonymität – Ein zweischneidiges Schwert ... 85
    5.5.6 Die Blockchain: Vertrauen ohne Mittelsmann? ... 85

© Der/die Autor(en), exklusiv lizenziert an Springer Fachmedien Wiesbaden GmbH, ein Teil von Springer Nature 2025
C. Straube, *Quick Guide Tokenisierung von Immobilien*, Quick Guide, https://doi.org/10.1007/978-3-658-47164-4_5

5.6	Mangel an historischem Datenmaterial bei tokenisierten Immobilien	86
5.7	Blockchain schützt nicht vor wertlosen Immobilien	86
5.8	Die tokenisierte Schuldverschreibung	87
	5.8.1 Was ist eine tokenisierte Schuldverschreibung genau?	87
	5.8.2 Token-Besitzer sind nachrangige Gläubiger	88
5.9	Regulierung der Tokenisierung durch die BaFin	89

> **Was Sie aus diesem Kapitel mitnehmen**
> - Wie Immobilien-Token rechtlich abgesichert sind
> - Welche Risiken es im Vergleich zu physischen Immobilien gibt
> - Was passiert, wenn Investoren den Zugriff auf die Wallet verlieren
> - Wie die tokenisierte Schuldverschreibung funktioniert
> - Welche Rolle die BaFin bei der Regulierung spielt

5.1 Wie ist ein Immobilien-Token abgesichert?

Ein **Immobilien-Token** ist durch verschiedene Mechanismen und Sicherheiten geschützt, um die Interessen der Investoren zu wahren und eine gewisse Stabilität zu gewährleisten. Da Immobilien als relativ stabile Vermögenswerte gelten, bietet ihre Tokenisierung grundsätzlich eine Form der Absicherung. Dennoch gibt es spezifische Maßnahmen, um das Risiko zu minimieren und den Wert eines Immobilien-Token zu sichern.

Mechanismen der Absicherung und Wertstabilität
1. **Reale Vermögenswerte als Basis:**
   Der Hauptmechanismus, der einen Immobilien-Token absichert, ist der **reale Immobilienwert** selbst. Jeder Token repräsentiert einen Anteil an einem physischen Vermögenswert – der Immobilie. Da Immobilien in der Regel weniger volatil sind als andere Anlageklassen wie Aktien oder Kryptowährungen, bietet dieser physische Wert eine Grundlage für Stabilität.

2. **Eigentumsnachweise und Rechte:**
   Jeder Immobilien-Token ist rechtlich so konzipiert, dass er einem klaren **Eigentumsrecht** oder einer Forderung auf einen Anteil an der Immobilie entspricht. Diese Rechte sind in der Regel durch Smart Contracts auf der Blockchain verankert, was die Eigentumsverhältnisse transparent und fälschungssicher macht. Außerdem ist der Token mit den entsprechenden **rechtlichen Verträgen** verknüpft, die ihn zu einem rechtlich anerkannten Anteil an der Immobilie machen.
3. **Blockchain-Transparenz:**
   Ein wesentlicher Mechanismus zur Absicherung ist die Verwendung der **Blockchain-Technologie**. Diese sorgt für Transparenz und Nachvollziehbarkeit, da jede Transaktion dauerhaft und unveränderlich gespeichert wird. Manipulationen oder Betrugsversuche sind dadurch extrem erschwert, was das Vertrauen in die Investition stärkt.
4. **Bewertung und regelmäßige Überprüfung:**
   Um den Wert des Immobilien-Token stabil zu halten, werden die zugrunde liegenden Immobilien regelmäßig von **zertifizierten Gutachtern** bewertet. Diese Bewertungen fließen in den Marktwert des Tokens ein und gewährleisten, dass er den aktuellen Marktbedingungen entspricht. Dadurch wird das Risiko einer Überbewertung verringert, was den Investoren mehr Sicherheit bietet.
5. **Smart Contracts und automatisierte Mechanismen:**
   Smart Contracts, die auf der Blockchain ausgeführt werden, automatisieren und sichern den rechtlichen Rahmen der Transaktionen. Diese Verträge stellen sicher, dass die vereinbarten Bedingungen automatisch erfüllt werden – etwa die Verteilung von Mieteinnahmen oder Dividenden an die Token-Inhaber. Smart Contracts erhöhen die **Vertragssicherheit** und reduzieren menschliche Fehler oder betrügerische Absichten.

5.2 Welche Versicherungen gibt es für tokenisierte Immobilien?

Neben den internen Mechanismen der Absicherung ist auch der externe Schutz von Immobilien-Token von großer Bedeutung. Die Welt der Immobilieninvestitionen ist nicht ohne Risiken, und hier kommen verschiedene Versicherungsmodelle und Garantien ins Spiel, die den Investoren zusätzliche Sicherheit bieten. Ob durch umfassende Immobilienversicherungen, Mietausfallversicherungen oder garantierte Rückkaufsoptionen – diese externen Absicherungsstrategien sind darauf ausgelegt, den Wert und die Erträge der Immobilien-Token zu schützen. In diesem Kapitel werfen wir einen Blick auf die verschiedenen Versicherungen und Garantien, die dazu beitragen, das Vertrauen der Anleger zu stärken und die Stabilität ihrer Investitionen in tokenisierte Immobilien zu gewährleisten.

1. Immobilienversicherung:

Um die Immobilie und damit den Wert des Tokens abzusichern, sind die meisten Immobilien, die tokenisiert werden, durch **Immobilienversicherungen** geschützt. Diese Versicherungen decken Risiken wie **Feuer, Überschwemmungen, Schäden durch Naturkatastrophen** oder **andere Gefahren** ab. Sollte ein Schaden auftreten, erhält die Immobiliengesellschaft oder der Eigentümer eine Versicherungsleistung, die den Schaden kompensiert. Dies hilft, den Wert der Immobilie und damit des Tokens aufrechtzuerhalten.

2. Mietausfallversicherung:

In einigen Fällen bieten Immobilienprojekte auch eine **Mietausfallversicherung** an. Diese Versicherung greift, wenn die Immobilie nicht vollständig vermietet ist oder die Mieteinnahmen hinter den Erwartungen zurückbleiben. Das bietet Investoren zusätzlichen Schutz, da ihre regelmäßigen Erträge aus Mieten so besser abgesichert sind.

3. Garantierte Rückkaufsoptionen:

Einige Immobilienprojekte bieten ihren Token-Inhabern **Rückkaufsoptionen** an. Dies bedeutet, dass der Emittent des Tokens verpflichtet ist, den Token-Inhaber zu einem bestimmten Preis oder zu bestimmten Bedingungen zurückzukaufen. Diese Art von Garantie bietet dem Investor eine Absicherung gegen extreme Wertverluste des Tokens.

4. Vertragsrechtliche Absicherungen:

Da Immobilien-Token oft rechtlich als Wertpapiere eingestuft werden, unterliegen sie den entsprechenden **Gesetzen und Regularien**. Dadurch sind sie besser geschützt als unregulierte Kryptowährungen oder andere digitale Vermögenswerte. Die meisten Token-Emissionen erfolgen im Rahmen von sogenannten **Security-Token Offerings (STO)**, die strengen Regulierungen unterliegen. Diese regulatorischen Anforderungen schaffen Vertrauen und bieten den Investoren rechtliche Absicherung.

5. Diversifizierung des Immobilienportfolios:
In einigen Fällen kann der Token ein **Portfolio aus mehreren Immobilien** abdecken, statt sich nur auf eine einzelne Immobilie zu stützen. Diese Art der **Diversifizierung** reduziert das Risiko, da Verluste oder Wertschwankungen einer einzelnen Immobilie durch andere Immobilien im Portfolio ausgeglichen werden können. Dies stabilisiert den Wert des Tokens und schützt Investoren vor allzu starken Marktschwankungen.

5.3 Physische Immobilien vs. Tokenisierte Immobilien: Die Risiken im Vergleich

Tokenisierte Immobilien bieten spannende Möglichkeiten, aber sie sind auch mit spezifischen Risiken verbunden, die sich von den Risiken physischer Immobilien unterscheiden. Hier sind einige der wichtigsten Risiken, die Anleger bei tokenisierten Immobilien im Vergleich zu traditionellen physischen Immobilien beachten sollten.

5.3.1 Token sind immer technologischen Risiken unterlegen

Tokenisierte Immobilien bringen für die Investoren ganz neue Möglichkeiten, den Immobilienmarkt zu erschließen, basieren jedoch auf komplexen Technologien, insbesondere der **Blockchain**. Diese Abhängigkeit von der Technik bringt eine Reihe von Risiken mit sich, die sowohl potenziell verheerend als auch schwer vorhersehbar sein können.

Hackerangriffe und Cybersecurity-Risiken

Eines der gravierendsten Risiken für tokenisierte Immobilien sind **Hackerangriffe**. Da die meisten tokenisierten Immobilien auf einer öffentlichen Blockchain oder einer spezifischen Plattform basieren, können sie potenziell Ziel von Cyberkriminellen werden.

Beispiel:

Stellen Sie sich vor, ein neues Immobilienprojekt wird auf einer Blockchain-Plattform tokenisiert. Ein Hacker könnte eine Schwachstelle in der Plattform finden und die Kontrolle über die Smart Contracts übernehmen, die den Token-Verkauf und die Verteilung der Mieteinnahmen regeln. Wenn der Hacker die Token eines Investors stiehlt, könnte dieser ohne vorherige Warnung einen erheblichen Teil seines Investments verlieren. Solche Vorfälle haben in der Vergangenheit bereits in der Kryptowährungswelt stattgefunden.

Ein Beispiel dafür ist der Hack von **The DAO** im Jahr 2016, bei dem über 60 Mio. Dollar an Ether gestohlen wurden. Obwohl dieses Beispiel nicht direkt mit Immobilien-Token in Verbindung steht, verdeutlicht es, wie gefährlich Cyberangriffe für jede Art von tokenisiertem Vermögenswert sein können.

Softwarefehler und Bugs

Neben Hackerangriffen können auch **Softwarefehler** und Programmierfehler in den Smart Contracts oder in der Plattform selbst zu erheblichen Problemen führen. Diese Fehler könnten dazu führen, dass Transaktionen fehlerhaft verarbeitet werden, oder sie könnten sogar den gesamten Token-Verkauf beeinträchtigen.

Beispiel:

Nehmen wir an, ein Immobilienunternehmen hat einen Smart Contract entwickelt, der den Kauf und Verkauf von Immobilien-Token automatisiert. Wenn bei der Programmierung ein Fehler unterläuft – etwa eine fehlerhafte Berechnung der Token-Anteile oder der Mietverteilung – könnte dies dazu führen, dass Investoren entweder zu viele oder zu wenige Token erhalten oder dass die Mieteinnahmen nicht korrekt verteilt werden. Ein solches Szenario könnte zu rechtlichen Auseinandersetzungen führen und das Vertrauen der Investoren in das Projekt erheblich beeinträchtigen.

Technische Ausfälle

Technische **Ausfälle** oder **Serverprobleme** können ebenfalls eine ernsthafte Bedrohung darstellen. Diese können auftreten, wenn die Plattform, die die tokenisierte Immobilie verwaltet, vorübergehend nicht erreichbar ist.

Abhängigkeit von Dritten

Tokenisierungs-Projekte sind in aller Regel auf die Zusammenarbeit mit Dritten angewiesen, wie etwa Zahlungsabwicklern, Währungsumrechnungsdiensten oder rechtlichen Beratern. Jede Schwäche oder jedes Problem bei diesen Dritten kann sich negativ auf die tokenisierte Immobilie auswirken.

Regulatorische Unsicherheiten

Schließlich besteht auch das Risiko, dass regulatorische Veränderungen die zugrunde liegende Technologie oder das Geschäftsmodell der tokenisierten Immobilien beeinträchtigen.

Beispiel:

Ein Land könnte beschließen, die Regulierung von Blockchain-Technologien zu verschärfen oder sogar den Handel mit tokenisierten Vermögenswerten einzuschränken. Dies könnte dazu führen, dass Investoren keine Möglichkeit mehr haben, ihre Token zu handeln oder ihre Investitionen zurückzuziehen.

Bei physischen Immobilien gibt es diese Art von Risiko nicht in demselben Maße, da die regulatorischen Rahmenbedingungen in der Regel stabiler und vorhersehbarer sind.

5.3.2 Was passiert, wenn der Investor seinen Zugriff auf die Wallet verliert?

Wenn ein Investor den Zugriff auf seine Wallet verliert, gibt es in der Blockchain-gestützten Tokenisierung von Immobilien eine Möglichkeit, diesen Verlust zu beheben, ohne dass die Token für immer verloren gehen. Der Prozess verläuft dabei in mehreren Schritten, um die rechtmäßige Rückübertragung der Token zu gewährleisten:

1. Verlust der Wallet und Konsequenzen
Die Wallet eines Investors enthält die privaten Schlüssel, die für den Zugang und die Verwaltung der darin gespeicherten Token unerlässlich sind. Ein Verlust dieser privaten Schlüssel bedeutet, dass der Investor keinen Zugriff mehr auf die Token hat. Ohne Zugang zum Wallet könnte dies in einer traditionellen Kryptowährungsstruktur bedeuten, dass die Token dauerhaft verloren sind.

2. Rolle des Issuers und des Protokolls
In einem tokenisierten Immobilienprojekt übernimmt der Issuer (Herausgeber der Token) eine wichtige Rolle, um solche Verluste zu verhindern. Durch das zugrunde liegende Blockchain-Protokoll kann der Issuer eingreifen, um die verlorenen Token zu „retten".

3. Verifizierungsprozess
Bevor der Issuer Maßnahmen ergreift, muss der betroffene Investor einen Verifizierungsprozess durchlaufen, um seine Identität und den Besitz der ursprünglichen Wallet zu bestätigen. Dies ähnelt einem KYC (Know Your Customer)-Prozess, bei dem überprüft wird, ob der Investor wirklich der rechtmäßige Inhaber der Token ist. Diese Verifizierung könnte die Vorlage von Dokumenten oder eine weitere Identitätsprüfung sein.

4. Burnen der Token
Nach erfolgreicher Verifizierung wird der Issuer die Token der alten, verlorenen Wallet durch einen Prozess namens Burnen (engl. „burn") unwiederbringlich zerstören. Dies sorgt dafür, dass die ursprünglichen Token nicht mehr existieren und missbräuchlich genutzt werden können.

5. Neuerstellung der Token (Minting)
Gleichzeitig erstellt (mintet) der Issuer neue Token in der exakt gleichen Menge, die zuvor verbrannt wurde. Diese neuen Token werden dann auf die neue Wallet des Investors übertragen. Die neue Wallet wird zuvor mit der ONCHAINID des Investors verknüpft, um sicherzustellen, dass sie eindeutig mit dem rechtmäßigen Besitzer verbunden ist.

6. Linking der neuen Wallet zur ONCHAINID
Damit der Investor zukünftig wieder Zugriff auf seine Token hat, wird die neu erstellte Wallet an die ONCHAINID des Investors gebunden. Dies stellt sicher, dass der Investor seine Token in der neuen Wallet genauso verwalten kann wie zuvor in der verlorenen Wallet.

5.3.3 Wie sicher sind Smart Contracts?

Smart Contracts, die in der Blockchain verankert sind, sind durch ihre Unveränderlichkeit gekennzeichnet. Dies bedeutet, dass einmal veröffentlichter Code nicht mehr geändert werden kann. Leider zeigt die Realität, dass viele Smart Contracts, insbesondere auf der Ethereum-Plattform, mit grundlegenden Fehlern behaftet sind. Schätzungen zufolge sind etwa 45 % der Smart Contracts fehlerhaft.[1]

Die Folgen von Fehlern in Smart Contracts können unterschiedlich gravierend sein:

1. **Unfaire Vertragsbedingungen**: In einigen Fällen können Fehler lediglich zu Ungerechtigkeiten zwischen den Vertragspartnern führen, die oft nur die direkt betroffenen Parteien in Mitleidenschaft ziehen.
2. **Zugriffsgewährung für Angreifer**: Fehlerhafte Programmierungen können unabsichtlich Angreifern Zugriff auf Funktionen oder Daten des Smart Contracts ermöglichen.
3. **Einfrieren von Vermögen**: Andere Programmierfehler können dazu führen, dass ein Smart Contract nicht mehr reagiert, wodurch das im Vertrag hinterlegte Vermögen unwiderruflich eingefroren wird.
4. **Systeme unterminieren**: Schlimmstenfalls können Fehler in einzelnen Smart Contracts ganze Systeme destabilisieren. Ein Beispiel hierfür ist ein Tippfehler, der im Juni 2018 vorübergehend die gesamte Kryptowährung ICON lahmgelegt hat.[2] Ein anderes Beispiel ist

---

[1] L. Luu, D.-H. Chu, H. Olickel, P. Saxena und A. Hobor, Making Smart Contracts Smarter, 2016, Paper 2016/633, online unter: https://eprint.iacr.org/2016/633 (letzter Zugriff: 29.11.2024).
[2] Trustnodes, Smart Contract Bug Nearly Freezes Transfers in $ 800 Mio. Worth of Icon Tokens, 2018, online unter: https://www.trustnodes.com/2018/06/17/smart-contract-bug-nearly-freezes--transfers-800-million-worth-icon-tokens (letzter Zugriff: 29.11.2024).

der DAO-Hack, der zu einem Hardfork der Ethereum-Blockchain führte und zahlreiche Transaktionen rückgängig machte.

5.4 Regulatorische Unsicherheit bei tokenisierten Immobilien

Die regulatorische Landschaft für tokenisierte Immobilien ist ein dynamisches und komplexes Terrain, das sich ständig weiterentwickelt. Investoren stehen vor einer Reihe von regulatorischen Unsicherheiten, die sich erheblich von den stabilen und etablierten Rahmenbedingungen für physische Immobilien unterscheiden.

Änderungen in Gesetzen und Vorschriften
Ein zentrales Risiko bei tokenisierten Immobilien ist die Möglichkeit, dass sich Gesetze und Vorschriften abrupt ändern können. Da die Regulierung von Blockchain-Technologien und digitalen Vermögenswerten in vielen Ländern noch in den Kinderschuhen steckt, ist die rechtliche Situation oft unklar und unterliegt laufenden Diskussionen.

Beispiel:
Angenommen, ein Land hat kürzlich ein neues Gesetz zur Regulierung von Token-Emissionen eingeführt, das besagt, dass alle Token, die Immobilien repräsentieren, als Wertpapiere betrachtet werden müssen. Infolgedessen müssen Unternehmen, die solche Token ausgeben möchten, nun aufwändige Registrierungsverfahren durchlaufen und zusätzliche Auflagen erfüllen. Solche Änderungen können nicht nur bestehende Projekte gefährden, sondern auch neue Investitionen und den Zugang zum Markt behindern. Investoren könnten potenziell vor der Herausforderung stehen, dass ihre bisherigen Investments nun rechtlich nicht mehr konform sind.

Uneinheitliche Regulierung zwischen den Ländern
Ein weiteres signifikantes Problem ist die uneinheitliche Regulierung zwischen verschiedenen Ländern. Was in einem Land als legal und reguliert gilt, kann in einem anderen als illegal oder unzulässig betrachtet werden.

Diese Unterschiede schaffen zusätzliche Unsicherheiten für Investoren, die international in tokenisierte Immobilien investieren möchten.

Die internationalen Compliance-Anforderungen können ebenfalls eine Herausforderung darstellen. Unternehmen, die in verschiedenen Ländern tätig sind, müssen nicht nur die lokalen Gesetze einhalten, sondern auch sicherstellen, dass sie den internationalen Standards entsprechen.

5.4.1 Liquiditätsrisiko bei tokenisierten Immobilien

Die Idee, Immobilien zu tokenisieren, verspricht eine gesteigerte Liquidität im Vergleich zu traditionellen Immobilieninvestitionen, da Token im Allgemeinen schneller gehandelt werden können als physische Objekte. Doch trotz dieses Potenzials ist das Liquiditätsrisiko bei tokenisierten Immobilien nicht zu unterschätzen.

Unreife Märkte für tokenisierte Immobilien
Der Markt für tokenisierte Immobilien befindet sich noch in einem frühen Entwicklungsstadium. Die Marktreife ist noch nicht vergleichbar mit der für physische Objekte. Potenziell besteht dadurch das Risiko, dass es nicht genügend Käufer gibt bzw. die Nachfrage entsprechend gering ist.

Volatilität der Token-Märkte
Tokenisierte Immobilien können in Zeiten von Marktvolatilität starken Preisschwankungen unterliegen. Diese Volatilität kann das Liquiditätsrisiko erhöhen, da der Wert der Token stark schwanken kann und es für Investoren schwierig sein kann, im richtigen Moment zu verkaufen.
> **Beispiel:**
> Stellen Sie sich vor, ein Immobilien-Token wurde ursprünglich für 100 € ausgegeben. Während eines plötzlichen Markteinbruchs oder einer negativen Nachrichtenwelle über die Wirtschaft könnte der Preis des Tokens auf 50 € fallen. Ein Investor, der seine Token verkaufen möchte, sieht sich einem erheblichen Verlust gegenüber und könnte gezwungen sein, zu einem unvorteilhaften Preis zu verkaufen, selbst wenn er nicht an den langfristigen Perspektiven der Immobilie zweifelt. In diesem Fall hat die hohe Volatilität den Markt destabilisiert und das Liquiditätsrisiko erhöht.

Mangelnde standardisierte Handelsplätze
Ein weiteres Problem bei tokenisierten Immobilien ist der Mangel an standardisierten Handelsplätzen oder -börsen, auf denen Token einfach gekauft und verkauft werden können. Nicht alle Plattformen bieten die gleiche Liquidität.
Beispiel:
Ein Investor kauft Token auf einer Plattform, die nur eine geringe Anzahl von Nutzern hat. Beim Verkauf der Token stellt er dann fest, dass die Plattform nicht genügend Käufer hat, um einen Verkauf zu ermöglichen. Er muss seine Token für einen viel niedrigeren Preis verkaufen oder sogar ganz auf den Verkauf verzichten. Im Vergleich dazu haben physische Immobilien in der Regel etablierte Märkte.

5.5 Wie bewertet das BSI die Sicherheit der Blockchain?

Für Investoren, die zum ersten Mal Berührung mit dieser neuen Herangehensweise an den Immobilienkauf haben, ist der Sicherheitsaspekt ein entscheidender Faktor. Daher lohnt es sich an dieser Stelle, einen Blick darauf zu werfen, wie das Bundesamt für Sicherheit in der Informationstechnik die Sicherheit der Blockchain-Technologie bewertet.[3]

5.5.1 Integrität der Daten – Die Unveränderlichkeit als Kernversprechen

Einer der größten Vorteile von Blockchains liegt in der Integrität der darin gespeicherten Daten. Stellen Sie sich die Blockchain wie eine Kette aus Datensätzen vor, bei der jeder einzelne Block durch eine Art „digitales Siegel", eine sogenannte Hashfunktion, mit dem vorherigen Block verbunden ist. Das Besondere daran ist: Sobald ein Block in der Kette ge-

---

[3] Bundesamt für Sicherheit in der Informationstechnik, Blockchain sicher gestalten – Konzepte, Anforderungen, Bewertungen, 23. Mai 2019, online unter: https://www.bsi.bund.de/SharedDocs/Downloads/DE/BSI/Krypto/Blockchain_Analyse.html?nn=131544 (letzter Zugriff: 29.11.2024).

speichert ist, kann niemand mehr den Inhalt eines Blocks manipulieren, ohne dass dies sofort auffällt. Die Blockchain bietet also eine sichere Möglichkeit, Daten so abzulegen, dass sie gegen nachträgliche Veränderungen geschützt sind – ähnlich wie eine unveränderliche Akte.

Allerdings weist das BSI darauf hin, dass dieser Schutz nicht sofort nach der Aufnahme der Daten in die Blockchain garantiert ist. Je nach Art der Blockchain und dem verwendeten Konsensmechanismus – also dem Verfahren, das die Gültigkeit von Transaktionen sicherstellt – kann es einige Zeit dauern, bis die Daten als wirklich unveränderlich gelten. Besonders in öffentlichen Blockchains, die viele Teilnehmer haben, kann diese „Bestätigungszeit" länger dauern. In privaten Netzwerken, wo nur wenige ausgewählte Knoten beteiligt sind, ist dieser Prozess hingegen oft schneller.

5.5.2 Verfügbarkeit – Ein System, das kaum ausfällt

Ein weiteres zentrales Sicherheitsversprechen der Blockchain-Technologie ist ihre hohe Verfügbarkeit. Diese entsteht durch die verteilte Speicherung der Daten über viele Knotenpunkte im Netzwerk. Stellen Sie sich vor, dass jede Kopie der Blockchain wie eine Sicherungskopie der gesamten Datenbank ist – selbst, wenn einige Knoten ausfallen, kann das Netzwerk weiterhin normal funktionieren, da die anderen Knoten weiterhin alle Daten bereitstellen. Dies schützt die Blockchain nicht nur vor Ausfällen, sondern macht es auch nahezu unmöglich, das Netzwerk durch gezielte Angriffe lahmzulegen.

Doch auch hier gibt es Einschränkungen: Die Blockchain garantiert die Verfügbarkeit nur für die Daten, die tatsächlich in der Blockchain selbst gespeichert sind. Sensible oder vertrauliche Daten, die aus Datenschutzgründen außerhalb der Blockchain gelagert werden, sind von dieser Verfügbarkeitsgarantie nicht eingeschlossen. Ihre Zugänglichkeit hängt dann von den externen Speichersystemen ab.

5.5.3 Vertraulichkeit – Die größte Herausforderung

Während Blockchains bei Integrität und Verfügbarkeit glänzen, haben sie bei der Vertraulichkeit größere Schwächen. Der Grund dafür liegt in der Transparenz, die für die Funktionsweise der Blockchain unerlässlich ist.

In öffentlichen Blockchains kann jeder Teilnehmer alle Transaktionen einsehen. Selbst wenn die Daten verschlüsselt werden, müssen sie dennoch auf allen Knotenpunkten gespeichert werden, was es technisch sehr schwierig macht, die Vertraulichkeit wirklich zu 100 % zu schützen.

Das BSI hebt hervor, dass es zwar einige komplexe Ansätze gibt, um Vertraulichkeit zu gewährleisten, diese aber in der Praxis oft nicht umsetzbar sind. In privaten Blockchains, bei denen nur autorisierte Teilnehmer Zugriff haben, kann der Schutz der Vertraulichkeit besser gewährleistet werden. Allerdings bleibt auch hier die Herausforderung bestehen, dass die Blockchain als System nicht primär auf Vertraulichkeit ausgelegt ist. Eine mögliche Lösung, die das BSI vorschlägt, ist die Auslagerung sensibler Daten. In diesem Fall würden nur noch kryptografische Verweise in der Blockchain gespeichert, während die eigentlichen Daten in externen, sicheren Systemen liegen. Doch wie bereits erwähnt, bedeutet dies, dass die Blockchain nicht mehr für die Verfügbarkeit dieser Daten verantwortlich ist.

5.5.4 Authentizität – Sicher durch digitale Signaturen

Eine Blockchain stellt sicher, dass die Transaktionen, die in ihr gespeichert werden, tatsächlich von den richtigen Teilnehmern stammen. Dies geschieht durch die Verwendung digitaler Signaturen. Jeder Teilnehmer im Netzwerk hat einen privaten Schlüssel, mit dem er seine Transaktionen signiert. Dieser Schlüssel dient als digitales Siegel, welches garantiert, dass die Daten nicht von Dritten gefälscht oder manipuliert werden können.

Hier warnt das BSI jedoch: Die Authentizität in der Blockchain ist nur innerhalb des Netzwerks gesichert. Die Blockchain kann garantieren, dass eine Transaktion von einem bestimmten Schlüssel stammt – aber nicht automatisch, wer diesen Schlüssel in der realen Welt besitzt. Um sicherzustellen, dass ein Schlüssel auch wirklich einer bestimmten Person oder Institution zugeordnet werden kann, sind zusätzliche Maßnahmen erforderlich, etwa durch die Verwendung einer Public-Key-Infrastruktur (PKI), die die Schlüssel mit verifizierten Identitäten verknüpft.

Wichtig ist auch der Schutz der privaten Schlüssel selbst. Sollten diese gestohlen oder kompromittiert werden, können Angreifer in das Netzwerk eindringen und Transaktionen im Namen des betroffenen Nutzers durchführen.

5.5.5 Anonymität und Pseudonymität – Ein zweischneidiges Schwert

Aufgrund der Transparenz von Blockchains ist es schwierig, vollständige Anonymität zu gewährleisten. Zwar können Nutzer Transaktionen unter einem Pseudonym durchführen, doch aufgrund der Nachverfolgbarkeit von Transaktionen in der Blockchain können diese Pseudonyme oft miteinander verknüpft werden. Das bedeutet, dass über die Zeit ein detailliertes Profil der Aktivitäten eines Nutzers erstellt werden kann, was dann wiederum seine Anonymität gefährdet.

Besonders in öffentlichen Blockchains gibt es Vorschläge, unterschiedliche Pseudonyme für verschiedene Transaktionen zu verwenden, um diese Verknüpfung zu erschweren. Allerdings ist es dann trotzdem noch möglich, durch die Analyse von zusätzlichen, außerhalb der Blockchain liegenden Informationen, die Identität hinter einem Pseudonym aufzudecken. In privaten Blockchains, wo die Teilnehmer meist bereits identifiziert sind, ist Anonymität ohnehin weniger relevant, da Transparenz und Nachvollziehbarkeit der Transaktionen sogar erwünscht sind.

5.5.6 Die Blockchain: Vertrauen ohne Mittelsmann?

Blockchain-Systeme zeichnen sich dadurch aus, dass sie keine zentrale Instanz benötigen, der die Nutzer vertrauen müssen – im Gegensatz zu traditionellen Lösungen wie Banken oder zentralisierten Datenbanken. Stattdessen basiert ihre Sicherheit auf kryptografischen Beweisen, was eine der Hauptinnovationen dieser Technologie darstellt. Dies gilt insbesondere für Bitcoin, das genau mit diesem Ziel entwickelt wurde. Dennoch erfordert auch die Blockchain-Technologie Vertrauen, beispielsweise in die Programmierer, die die Software erstellen. Diese müssen korrekte Funktionen programmieren und dürfen keine Schwachstellen einbauen – sei es versehentlich oder absichtlich. Selbst in Open-Source-Projekten, bei denen der Code öffentlich einsehbar ist, können Nutzer oft nicht selbst prüfen, ob der Code sicher ist, da sie nicht über das technische Know-how verfügen.

Ein weiteres Problem betrifft Updates auf öffentlichen Blockchains: Sicherheitslücken können erst nach einer gewissen Zeit behoben werden, da nicht alle Knoten das Update sofort anwenden. Dies erfordert zusätzliches Vertrauen in den Update-Prozess.

Über die Programmierer hinaus gewinnen in öffentlichen Blockchains oft einige wenige Akteure an Einfluss, etwa große Tauschbörsen für Kryptowährungen oder Mining-Pools. Diese Akteure, die oft zentrale Punkte im System darstellen, müssen ebenfalls das Vertrauen der Nutzer genießen, etwa dass sie ihre Systeme sicher betreiben und gegen Angriffe schützen.

In **privaten Blockchains**, die eher innerhalb eines Unternehmens oder Konsortiums genutzt werden, ähnelt das Vertrauensmodell stärker herkömmlichen, zentralisierten Lösungen. Hier gibt es eine zentrale Instanz, die Rollen und Rechte verwaltet, allerdings mit einem gewissen Maß an Dezentralität. Nutzer müssen dennoch darauf vertrauen, dass die Inhaber höherer Positionen korrekt handeln und keine Rechte missbrauchen. Fehler oder Missbrauch wären aber zumindest aufgrund der Transparenz der Blockchain nachvollziehbar.

5.6 Mangel an historischem Datenmaterial bei tokenisierten Immobilien

Ein Hauptproblem bei der Investition in tokenisierte Immobilien ist die Begrenztheit der verfügbaren Datensätze, die für die Analyse von Markttrends und -bedingungen unerlässlich sind. Ohne umfangreiche historische Daten haben Anleger Schwierigkeiten, fundierte Prognosen über die zukünftige Wertentwicklung dieser Investments zu erstellen. So fällt es entsprechend schwer, die Renditechancen einzuschätzen. Vorhandene Modelle basieren häufig auf Annahmen und Daten, die nicht die langfristige Stabilität und Wertentwicklung physischer Immobilien widerspiegeln.

5.7 Blockchain schützt nicht vor wertlosen Immobilien

Investitionen auf der Blockchain sind vergleichsweise sicher. Doch auch wenn die Technologie die Transaktionen an sich absichert, schützt sie Anleger nicht vor dem Risiko, in minderwertige Immobilien zu investieren.

Bei Security-Token handelt es sich um digitale Anteile an Immobilien. Das bedeutet jedoch nicht, dass das Haus oder die Wohnung, die hinter dem Token stehen, tatsächlich einen hohen Wert haben oder sich gut verkaufen lassen. Auf der Blockchain gibt es auch sogenannte „Schrottimmobilien" – Immobilien, die im Grunde wertlos sind.

Kauft ein Investor Anteile an einem neuen Apartmentkomplex, der auf der Blockchain tokenisiert wurde, dann ist die Transaktion per se sicher, aber wenn der Standort ungünstig ist oder die Bauqualität schlecht, steht der Investor am Ende mit einer Immobilie da, die sich nicht vermieten oder verkaufen lässt.

Deshalb sollten auch deutsche Anleger genau hinschauen und sich gründlich über die Rahmenbedingungen ihrer Investitionen informieren, bevor sie Geld in tokenisierte Immobilien stecken. Diese Vorsicht gilt nicht nur für Immobilien, sondern auch für andere Anlageformen wie Diamanten-Token, Auto-Token oder Kunst-NFTs. Letztendlich ist es entscheidend, dass die Anlage selbst – unabhängig von der Technologie, die sie unterstützt – wirklich wertvoll ist.

5.8 Die tokenisierte Schuldverschreibung

In diesem Zusammenhang sollte auch ein Blick auf die sogenannte tokenisierte Schuldverschreibung geworfen werden als eine innovative Form der Kapitalbeschaffung. Dabei werden traditionelle Schuldinstrumente auf einer Blockchain abgebildet. Bei dieser Art von Investments ist es wichtig zu wissen, dass die Anleger das volle unternehmerische Risiko tragen. Dies bedeutet, dass Investoren im Falle von finanziellen Schwierigkeiten oder Insolvenzen des Emittenten ihre Ansprüche auf Zinsen und Rückzahlungen möglicherweise nicht geltend machen können – selbst nicht vor der Eröffnung eines Insolvenzverfahrens.

5.8.1 Was ist eine tokenisierte Schuldverschreibung genau?

Eine tokenisierte ist eine moderne Form von Schuldinstrumenten, die durch die Blockchain-Technologie digitalisiert wurden. Im Kern handelt es sich dabei um eine elektronische Schuldverschreibung, die es ermöglicht, Kapital von Investoren zu mobilisieren, ohne die komplexen regulatorischen Hürden traditioneller Finanzierungsformen überwinden zu müssen. Diese Art der Schuldverschreibung bietet verschiedene Vorteile, die sie für Investoren attraktiver machen.

5.8.2 Token-Besitzer sind nachrangige Gläubiger

Eine spezifische Struktur in diesem Kontext ist das „qualifizierte Nachrangdarlehen". Bei dieser Art von Token-Investments sind die Ansprüche der Anleger nachrangig, was bedeutet, dass sie erst nach anderen Gläubigern bedient werden.

Die Tatsache, dass Token-Besitzer als nachrangige Gläubiger auftreten, bringt eine erhebliche Brisanz in die Investition. Was bedeutet das genau? In vielen Fällen erwerben Anleger nicht nur Anteile an einer Immobilie, sondern auch Anteile an nachrangigen Schulden. Das bedeutet, dass sie im Falle finanzieller Probleme der Immobilie eine ungünstige Position einnehmen.

Stellen Sie sich vor, ein Investor kauft Token für ein neugebautes Wohnhaus. Die Einnahmen aus der Vermietung dieser Immobilien könnten in den ersten Monaten gut fließen. Doch was passiert, wenn plötzlich die Mieter ausbleiben oder unerwartete Kosten für Reparaturen anfallen? Wenn die Einnahmen wegbrechen, könnte das gesamte Projekt in Schwierigkeiten geraten.

Im Fall einer Insolvenz wird die Lage für die nachrangigen Gläubiger dramatisch. Wenn der Insolvenzverwalter die finanziellen Mittel aufteilt, geschieht dies in einer festgelegten Reihenfolge: Zuerst werden die vorrangigen Gläubiger, wie Banken und andere Finanzinstitutionen, ausgezahlt. Das bedeutet, dass die nachrangigen Gläubiger, also die Token-Besitzer, erst nach ihnen an die Reihe kommen. Und in den meisten Fällen bleibt nach der Befriedigung der vorrangigen Gläubiger nicht viel übrig.

Das Risiko wird noch verstärkt, wenn man bedenkt, dass die Immobilienmärkte schwanken können. In einem schwachen Markt oder in einer wirtschaftlichen Krise sinkt der Wert von Immobilien, was die Chancen auf eine Rückzahlung weiter verringert. Für die Token-Besitzer kann dies bedeuten, dass sie im schlimmsten Fall einen Totalverlust ihrer Investition erleiden, während andere Gläubiger ihre Ansprüche durchsetzen.

5.9 Regulierung der Tokenisierung durch die BaFin

In Deutschland spielt die BaFin (Bundesanstalt für Finanzdienstleistungsaufsicht) eine entscheidende Rolle bei der Sicherstellung der Rechtssicherheit und des Schutzes von Investoren im Zusammenhang mit tokenisierten Vermögenswerten wie Immobilien. Die BaFin reguliert die Emission von Security-Token, die oft als Wertpapiere betrachtet werden, um sicherzustellen, dass diese sicher und im Einklang mit dem Gesetz durchgeführt werden. Dabei gelten strenge Standards, die eine rechtliche Grundlage und Investorenvertrauen schaffen sollen.

1. Regulierung durch die BaFin
Die BaFin überwacht die Einhaltung der relevanten europäischen und deutschen Gesetze, wie der Prospektverordnung (EU 2017/1129) und dem Wertpapierprospektgesetz (WpPG). Diese Vorschriften verlangen, dass Emittenten von Security-Token, die als Wertpapiere klassifiziert werden, einen detaillierten Prospekt vorlegen müssen. Dieser Prospekt gibt Investoren umfassende Informationen über die Token-Emission und stellt sicher, dass sie über potenzielle Risiken und Erträge informiert sind.

2. Lizenzpflicht und Zulassung
Je nach Art der Emission von Token kann es notwendig sein, dass der Emittent über eine BaFin-Zulassung verfügt. Insbesondere bei Security-Token Offerings (STOs), die ähnlich wie klassische Wertpapiere behandelt werden, müssen Emittenten häufig als Wertpapierdienstleistungsunternehmen zugelassen sein oder mit einem solchen zusammenarbeiten. Dies sorgt dafür, dass bestimmte Anforderungen an die Kapitalausstattung, die Geschäftsfähigkeit und die Risikokontrollen erfüllt werden.

3. Schutz vor Missbrauch und Betrug

Die regulatorischen Anforderungen der BaFin tragen dazu bei, die Transparenz und Fairness bei Token-Emissionen zu erhöhen. Die Behörde sorgt dafür, dass die Emittenten ihre Geschäftspraktiken klar offenlegen und Investoren über die Risiken vollständig informieren. Die BaFin greift außerdem gegen betrügerische oder unsachgemäße Angebote von Token ein, um den Anlegerschutz zu gewährleisten.

4. Rechtliche Einordnung von Token

Token, insbesondere Security-Token, werden von der BaFin oft als Finanzinstrumente im Sinne des Kreditwesengesetzes (KWG) und als Wertpapiere im Sinne der Prospektverordnung angesehen. Dies bedeutet, dass sie denselben strengen Regularien unterliegen wie traditionelle Wertpapiere, was die rechtliche Stellung der Token-Emissionen klarer und sicherer macht.

5. Rechtliche Rahmenbedingungen für Smart Contracts

Ein wichtiger Aspekt bei der Tokenisierung ist die Verwendung von Smart Contracts zur Verwaltung der Token und ihrer Funktionen. Auch hier sorgt die BaFin dafür, dass diese Technologie im rechtlichen Rahmen eingesetzt wird, insbesondere hinsichtlich des Datenschutzes und der sicheren Abwicklung von Transaktionen. Smart Contracts, die rechtlich bindende Vereinbarungen automatisieren, müssen transparent und verlässlich sein, um den Schutz der Investoren zu gewährleisten.

Ihr Transfer in die Praxis

- Auch für tokenisierte Immobilien gibt es spezielle Versicherungen
- Immobilien-Token unterliegen vor allem rechtlichen Risiken
- aufgrund des jungen Marktes fehlen noch fundierte Erfahrungswerte
- Token-Besitzer sind nachrangige Schuldner

6

Tokenisierung von Immobilien: Trends und Ausblicke

Inhaltsverzeichnis

6.1	Die Tokenisierung demokratisiert den Immobilienmarkt	92
6.2	7.2. Technologische Entwicklungen werden die Tokenisierung vorantreiben	92
	6.2.1 Weiterentwicklung von Blockchain Protokollen	92
	6.2.2 Verbesserte KYC- und Compliance-Technologien	94
6.3	Zunehmende Nutzung von Security-Token Offerings (STO)	95
6.4	Bessere Regulierung und Compliance von Immobilien-Token	96
6.5	Integration von DeFi in die Immobilien-Tokenisierung	97

> **Was Sie aus diesem Kapitel mitnehmen**
> - Welche Entwicklungen des Marktes zu erwarten sind
> - Wie sich Technologien rund um die Blockchain weiterentwickeln werden
> - Welche Rolle Security-Token Offerings (STO) zukünftig spielen werden

6.1 Die Tokenisierung demokratisiert den Immobilienmarkt

Die Tokenisierung von Immobilien hat das Potenzial, in Zukunft den Immobilienmarkt zu demokratisieren. Immobilien können nicht mehr nur von einer sehr kleinen Investorengruppe erworben werden, sondern von einer breiteren Anlegerschicht zugänglich zu machen. Auch kleinere private Investoren können beispielsweise in Luxusimmobilien investieren und sich dadurch ein breitgefächertes Portfolio aufbauen. Traditionelle Kosten, die mit dem Kauf und dem Verkauf verbunden waren – wie beispielsweise Notargebühren – fallen weg. Besonders für kleinere Anleger wird es daher in Zukunft spannend werden, sich über die Tokenisierung Anteile an Immobilien zu sichern.

6.2 7.2. Technologische Entwicklungen werden die Tokenisierung vorantreiben

Die technologische Entwicklung spielt eine zentrale Rolle in der Zukunft der Immobilien-Tokenisierung. In den kommenden Jahren könnten insbesondere die folgende Technologien maßgeblich die Effizienz, die Sicherheit und die Flexibilität der Immobilienmärkte beeinflussen.

6.2.1 Weiterentwicklung von Blockchain Protokollen

Die Welt der Immobilien-Tokenisierung entwickelt sich rasant weiter, und die zugrunde liegenden Blockchain-Technologien spielen eine entscheidende Rolle bei dieser Transformation. Hier sind einige der spannendsten technologischen Fortschritte, die die Effizienz und Funktionalität dieser Systeme verbessern:

1. Layer-2-Lösungen
Stellen Sie sich vor, Sie könnten alle Verkehr auf einer stark befahrenen Autobahn umleiten, um Staus zu vermeiden. Genau das tun Layer-2-Lösungen wie Polygon. Sie ermöglichen es, Transaktionen außerhalb der

Haupt-Blockchain durchzuführen, was die Verarbeitungsgeschwindigkeit erhöht und die Kosten senkt. Für den Immobiliensektor, wo hohe Transaktionskosten und lange Wartezeiten oft die Norm sind, können diese Technologien einen echten Unterschied machen. Indem sie Transaktionen in „Paketen" zurück zur Haupt-Blockchain senden, werden Zeit und Geld gespart.

2. zk-Rollups
Diese innovative Technologie bündelt zahlreiche Transaktionen in einem einzigen „Paket", das dann auf der Haupt-Blockchain verarbeitet wird. Dabei kommen sogenannte zero-knowledge proofs zum Einsatz, die bestätigen, dass die Transaktionen gültig sind, ohne dabei die spezifischen Details preiszugeben. Das Ergebnis? Eine erhebliche Verbesserung der Effizienz und der Privatsphäre. In der Immobilien-Tokenisierung bedeutet dies, dass viele Investoren gleichzeitig Transaktionen durchführen können, ohne dass ihre persönlichen Daten offengelegt werden müssen, was das Vertrauen in das System stärkt.

3. Sharding
Stellen Sie sich vor, Sie teilen einen riesigen Raum in kleinere, handlichere Bereiche auf. Genau das geschieht bei Sharding. Die Blockchain wird in kleinere Teile, sogenannte „Shards", unterteilt, die unabhängig voneinander Transaktionen verarbeiten können. Dies bedeutet, dass die Blockchain mehr Transaktionen gleichzeitig abwickeln kann, was die Gesamtgeschwindigkeit erheblich verbessert. Für Investoren im Immobiliensektor bedeutet dies, dass sie schnell und effizient an Transaktionen teilnehmen können, ohne lange auf die Abwicklung warten zu müssen.

4. Interoperabilität zwischen Blockchains
Mit der Vielzahl von Blockchain-Plattformen, die heute existieren, wird es immer wichtiger, dass diese miteinander kommunizieren können. Technologien wie Polkadot und Cosmos arbeiten daran, verschiedene Blockchains miteinander zu verknüpfen. Dies ermöglicht es, Token und Daten nahtlos zwischen verschiedenen Plattformen auszutauschen. Für Investoren bedeutet das eine größere Flexibilität, da sie tokenisierte Im-

mobilien über verschiedene Plattformen hinweg handeln können, ohne an eine bestimmte Blockchain gebunden zu sein.

6.2.2 Verbesserte KYC- und Compliance-Technologien

Die Fortschritte in der Identitätsüberprüfung und der Einhaltung von Vorschriften spielen eine wesentliche Rolle bei der Tokenisierung von Immobilien. Sie tragen dazu bei, die Effizienz und Sicherheit von Transaktionen signifikant zu erhöhen. Hier sind einige Schlüsseltechnologien und deren Entwicklungen in diesem Bereich:

1. Biometrische Identitätsüberprüfung:
Technologien wie Fingerabdruck- oder Gesichtserkennung ermöglichen eine rasche und sichere Verifizierung der Identität von Investoren. Diese biometrischen Verfahren können effektiv im Rahmen des Know Your Customer (KYC)-Prozesses eingesetzt werden, um zu gewährleisten, dass nur autorisierte Investoren Zugang zu Token-Angeboten erhalten. Durch den Einsatz biometrischer Daten wird das Risiko von Identitätsbetrug erheblich verringert.

2. Verteilte Ledger-Technologien (DLT):
Anstatt auf zentrale Datenbanken zu setzen, bieten DLTs eine dezentrale Möglichkeit zur Speicherung und Verwaltung von Identitätsdaten. Diese Technologie erhöht die Sicherheit, indem sie Identitätsinformationen in einem dezentralen Netzwerk speichert. So kann die Identität eines Investors verifiziert werden, ohne dass sensible Daten in einem zentralen System gespeichert sind, was das Risiko eines Datenlecks stark minimiert.

3. Automatisierung der KYC-Prozesse:
Durch den Einsatz von Machine Learning und Künstlicher Intelligenz (KI) können KYC-Prozesse automatisiert und optimiert werden. Algorithmen erkennen Muster in den Daten und identifizieren potenzielle Risiken, wodurch die Effizienz gesteigert und menschliche Fehler reduziert werden. Diese Automatisierung ermöglicht es Unternehmen, zügig und präzise zu überprüfen, ob ein Investor die regulatorischen Anforderungen erfüllt.

4. Integration von KYC in die Blockchain:
Die direkte Integration von KYC-Prozessen in Blockchain-Plattformen kann die Einhaltung von Vorschriften erheblich erleichtern. Smart Contracts können automatisch KYC-Überprüfungen durchführen und die entsprechenden Berechtigungen für die Teilnahme an Token-Angeboten vergeben. Dies reduziert den manuellen Aufwand und beschleunigt den Verifizierungsprozess für Investoren.

5. Erweiterte Compliance-Tools:
Die Entwicklung von Tools zur Überwachung und Gewährleistung der Einhaltung von Vorschriften (Compliance) ist ebenfalls von großer Bedeutung. Solche Tools helfen, potenzielle Verstöße gegen regulatorische Anforderungen in Echtzeit zu erkennen und zu reagieren, bevor gravierende Probleme auftreten. Sie können auch die Einhaltung internationaler Vorschriften, wie etwa der Anti-Geldwäsche-Gesetze (AML), unterstützen.

6.3 Zunehmende Nutzung von Security-Token Offerings (STO)

In den letzten Jahren haben sich Security-Token Offerings (STO) zu einer bevorzugten Methode für die Tokenisierung von Immobilienanteilen entwickelt. Diese Entwicklung ist auf die rechtliche Struktur zurückzuführen, die STOs bieten und die sowohl Investoren als auch Emittenten ein hohes Maß an Sicherheit gewährleistet.

Das Besondere an STOs ist, dass sie als Wertpapiere klassifiziert werden und somit den geltenden Gesetzen und Vorschriften unterliegen. Diese rechtliche Absicherung gibt Investoren die Gewissheit, dass ihre Rechte und Interessen durch die bestehenden gesetzlichen Rahmenbedingungen geschützt sind. Gerade in einem Markt, in dem oft hohe Investitionen getätigt werden, ist diese Sicherheit von entscheidender Bedeutung.

Ein weiterer Vorteil von STOs ist die Transparenz, die die zugrunde liegende Blockchain-Technologie bietet. Jede Transaktion ist für alle Beteiligten nachvollziehbar, was das Vertrauen in den gesamten Prozess stärkt. Investoren können sich darauf verlassen, dass ihre Gelder sicher sind, und haben jederzeit die Möglichkeit, den Überblick über ihre Investitionen zu behalten.

Die zunehmende Nutzung von STOs eröffnet zudem breitere Zugänge zum Immobilienmarkt. Früher waren kleinere Investoren häufig von vielen Projekten ausgeschlossen, aber durch die Tokenisierung können sie nun auch mit geringeren Beträgen in Immobilienprojekte investieren. Diese Entwicklung fördert nicht nur die Diversifikation der Portfolios, sondern trägt auch zur Demokratisierung des Immobilienmarktes bei.

Insgesamt deutet die wachsende Beliebtheit von Security-Token Offerings auf einen signifikanten Wandel im Immobilienmarkt hin. Mit der fortlaufenden Entwicklung der regulatorischen Rahmenbedingungen und einer zunehmenden Akzeptanz von Tokenisierung ist es wahrscheinlich, dass STOs eine zentrale Rolle in der Transformation des Immobilienmarktes einnehmen werden. Die Kombination aus rechtlicher Sicherheit, Transparenz und Zugänglichkeit hat das Potenzial, den Immobilienmarkt nachhaltig zu revolutionieren und eine breitere Schicht von Investoren anzusprechen.

6.4 Bessere Regulierung und Compliance von Immobilien-Token

Mit der zunehmenden Akzeptanz von Security-Token Offerings (STO) haben auch Regulierungsbehörden wie die BaFin (Bundesanstalt für Finanzdienstleistungsaufsicht) begonnen, klare rechtliche Rahmenbedingungen für die Tokenisierung von Immobilien zu schaffen. Diese Entwicklung ist entscheidend, da sie sowohl Investoren als auch Emittenten ein höheres Maß an Sicherheit und Vertrauen bietet. Wenn Regulierungsbehörden STOs offiziell anerkennen und entsprechende Richtlinien festlegen, steigt die Wahrscheinlichkeit, dass mehr Investoren in diese innovative Form der Kapitalanlage einsteigen. Diese rechtliche Absicherung schafft ein stabileres Umfeld für alle Beteiligten und fördert die breite Akzeptanz von tokenisierten Immobilieninvestitionen.

Parallel zu den regulatorischen Entwicklungen wird erwartet, dass die Anzahl der lizenzierten Plattformen für die Immobilien-Tokenisierung zunimmt. Zukünftig könnten mehr Unternehmen die notwendigen Genehmigungen erwerben, um als sichere und regulierte Plattformen für den Handel mit tokenisierten Immobilien zu fungieren. Diese lizenzierten Plattformen würden nicht nur die Sicherheit der Transaktionen erhöhen, sondern auch sicherstellen, dass die geltenden Gesetze und Vorschriften eingehalten werden.

Durch die Regulierung können Investoren sicher sein, dass die Plattformen strengen Prüfungen unterzogen wurden und die erforderlichen Standards erfüllen. Dies könnte zu einer weiteren Verbreitung und Popularität von tokenisierten Immobilien führen, da die Hemmschwelle für Investoren gesenkt wird, die möglicherweise Bedenken hinsichtlich der Sicherheit und Legalität ihrer Investitionen hatten. Insgesamt wird die Kombination aus regulatorischen Fortschritten und lizenzierten Plattformen dazu beitragen, das Vertrauen in die Immobilien-Tokenisierung zu stärken und den Markt für alle Beteiligten zu demokratisieren.

Diese Entwicklungen könnten die Immobilien-Tokenisierung nicht nur sicherer und transparenter machen, sondern auch den Zugang zum Immobilienmarkt für eine breitere Investorenbasis öffnen.

6.5 Integration von DeFi in die Immobilien-Tokenisierung

Ein spannender Trend, der sich abzeichnet, ist die Verbindung zwischen der Immobilien-Tokenisierung und Decentralized Finance (DeFi). Diese innovative Verschmelzung hat das Potenzial, den Immobilienmarkt erheblich zu transformieren.

Stellen Sie sich vor, Immobilien-Token, die digitale Repräsentationen von Immobilienbesitz sind, könnten in Zukunft als Sicherheiten in DeFi-Protokollen dienen. Dies würde Investoren neue Finanzierungsmöglichkeiten eröffnen, indem sie ihre Token als Garantie für Kredite verwenden können. Diese Art der Integration würde nicht nur die Liquidität der Immobilien-Token erhöhen, sondern auch eine Brücke zwischen der traditionellen Immobilienfinanzierung und der dynamischen Welt der DeFi schaffen. Investoren könnten ihre tokenisierten Immobilien nutzen, um auf DeFi-Plattformen Kredite zu erhalten, ohne ihre tatsächlichen Besitztümer verkaufen zu müssen. So könnten sie an Kapital kommen, während sie weiterhin von der Wertsteigerung ihrer Immobilien profitieren.

Ein weiterer Vorteil der Integration von DeFi in die Immobilien-Tokenisierung ist die Möglichkeit der Rendite-Generierung. Durch die Verbindung mit DeFi-Plattformen könnten Immobilien-Token-Inhaber ihre Token verleihen und zusätzliche Renditen erwirtschaften. Wenn Investoren beispielsweise ihre Token in einem DeFi-Protokoll anlegen, könnten sie Zinsen auf ihr Kapital verdienen oder von Erträgen aus Liquiditätsbereitstellungen profitieren. Dies würde nicht nur die Attraktivität von Immobilieninvestitionen erhöhen, sondern auch das Potenzial für passives Einkommen eröffnen, das über die traditionellen Mieteinnahmen hinausgeht.

Diese Entwicklungen könnten die Art und Weise, wie Immobilien finanziert und investiert werden, revolutionieren. Die Kombination aus tokenisierten Immobilien und DeFi bietet spannende Perspektiven, die sowohl bestehenden Investoren als auch neuen Teilnehmern auf dem Markt zugutekommen könnten. In einer Welt, in der Finanzierungsoptionen und Renditequellen immer vielfältiger werden, könnte die Integration von DeFi die Immobilien-Tokenisierung auf ein neues Level heben und den Zugang zu diesem oft als starr geltenden Markt erheblich erleichtern.

Ihr Transfer in die Praxis

- Die Tokenisierung demokratisiert den Immobilienmarkt zunehmend
- Vor allem im Bereich der Blockchain-Technologien sind weitere Entwicklungen zu erwarten
- In Bezug auf Rechtssicherheit und Compliance müssen die Entwicklungen noch vorangetrieben werden

Schluss: Ist die Tokenisierung nun die Zukunft des Immobilieninvestments?

Die Tokenisierung von Immobilien eröffnet eine neue Ära für das Investment in den Immobilienmarkt, insbesondere für Kleinanleger. Durch die Möglichkeit, Anteile an Immobilien zu erwerben, wird es einer breiten Masse von Investoren ermöglicht, in ein Marktsegment einzutreten, das zuvor oft nur institutionellen Anlegern vorbehalten war. Dies führt zu einer Demokratisierung des Immobilienmarktes, bei der mehr Menschen von den Vorteilen des Immobilienbesitzes profitieren können.

Ein wesentlicher Vorteil der Tokenisierung ist die vereinfachte Kapitalbeschaffung. Durch den Einsatz digitaler Token können Immobilienprojekte schneller und effizienter finanziert werden, ohne dass umfangreiche bürokratische Hürden überwunden werden müssen. Investoren können bequem und in Echtzeit an den entsprechenden Plattformen teilnehmen, was die Transaktionsgeschwindigkeit und -effizienz erheblich verbessert. Darüber hinaus ermöglicht die Tokenisierung eine höhere Liquidität, da Investoren ihre Anteile leichter kaufen und verkaufen können, wodurch das Risiko von Investitionen in illiquide Immobilienassets verringert wird.

© Der/die Herausgeber bzw. der/die Autor(en), exklusiv lizenziert an Springer Fachmedien Wiesbaden GmbH, ein Teil von Springer Nature 2025
C. Straube, *Quick Guide Tokenisierung von Immobilien*, Quick Guide,
https://doi.org/10.1007/978-3-658-47164-4

Jedoch bestehen nach wie vor bedeutende Herausforderungen, insbesondere im Bereich der rechtlichen Compliance. Die größte Hürde für die breite Akzeptanz der Tokenisierung liegt nicht in der Technologie selbst, sondern in den bestehenden rechtlichen Rahmenbedingungen. Das Immobilien- und Eigentumsrecht hat sich über Jahrhunderte entwickelt, während das Kapitalanlagerecht hinsichtlich der Klassifizierung von Token weiterhin im Fluss ist. Das Erfordernis von Zweckgesellschaften zur Einhaltung steuerlicher Vorschriften ist ebenfalls eine komplexe Herausforderung, solange die Grundbücher nicht auf der Blockchain betrieben werden.

Um der Blockchain-Technologie zum Durchbruch zu verhelfen, ist die Schaffung angemessener rechtlicher Grundlagen unerlässlich. Solange bestehende Beschränkungen vorherrschen, wird die weltweite Handelbarkeit von Token administrativ erschwert, was die Zugänglichkeit für Investoren einschränkt. In den kommenden Jahren sollten Unternehmen daher Strategien entwickeln, um diese rechtlichen Hürden abzubauen und sich auf die Nutzeradaption vorzubereiten.

Obwohl die anfängliche Begeisterung für die Blockchain-Technologie in einigen Bereichen etwas nachgelassen hat, bleibt die Überzeugung, dass die Tokenisierung langfristig positive Veränderungen in der Immobilienbranche bewirken wird. Die entscheidende Frage ist nicht, ob die Tokenisierung erfolgreich sein wird, sondern wann. Mit dem Abbau rechtlicher Hürden und dem wachsenden Interesse junger Anlegergenerationen an innovativen Technologien wird die Transformation des Immobilienmarktes voranschreiten.

Die Immobilienindustrie muss sich auf diese Veränderungen einstellen, um die Effizienzvorteile und Chancen, die die Tokenisierung bietet, voll auszuschöpfen. In einer Welt, in der finanzielle Transparenz, Zugänglichkeit und Liquidität zunehmend gefragt sind, könnte die Tokenisierung den Grundstein für eine neue Ära des Immobilieninvestments legen.

The manufacturer's authorised representative in the EU is Springer Nature Customer Service Centre GmbH, Europaplatz 3, 69115 Heidelberg, Germany. If you have any concerns regarding our products, please contact ProductSafety@springernature.com

Printed and bound by CPI Group (UK) Ltd, Croydon, CR0 4YY
25/03/2026
02078191-0006